ESSAI

SUR

LES RÉFORMES A FAIRE

DANS

NOTRE LÉGISLATION

CRIMINELLE.

ESSAI
SUR
LES RÉFORMES A FAIRE
DANS
NOTRE LÉGISLATION
CRIMINELLE;

Par M. VERMEIL, Avocat au Parlement de Paris.

A PARIS,

Chez { SAVOYE, & DELALAIN le jeune, } Libraires, rue Saint-Jacques.

M. DCC. LXXXI.

Avec Approbation, & Permission.

AVIS
DE L'ÉDITEUR.

DANS un Journal très-répandu (1), à la date du 14 Octobre 1780, se trouvent les Observations qui suivent.

« Ni les Anciens ni les Mo-
» dernes n'ont encore eu la
» gloire de se donner un bon
» Code pénal ; c'est qu'une pa-
» reille Législation ne pouvoit
» s'accomplir qu'au sein de cette
» Philosophie qui sait étudier

(1) Le Mercure de France, N° 42, p. 64.

» les choſes & les hommes, » combiner les devoirs & les » droits, tout voir & bien voir, » ſe défier de ſa raiſon comme » des opinions établies, & s'ar- » rêter quelquefois au milieu » de ſon ouvrage pour renfor- » cer la juſteſſe de ſes vues, » l'impartialité de ſon eſprit, » & cette vigilance de la con- » ſcience d'un homme de bien » qui doit ſouvent le retenir » dans ſes penſées comme dans » ſes actions. Ce grand ouvrage » d'ailleurs avoit beſoin d'être » préparé par la diſcuſſion pu- » blique, ſans laquelle un Lé- » giſlateur, même celui qui » réuniroit la vertu & le génie,

» risquera toujours de faire un » ouvrage imparfait. Après l'ex» périence des faits, rien de » plus précieux pour la Légis» lation que la comparaison » des pensées : il importe même » de laisser mûrir la discussion » publique avant d'en faire » usage ; & ce sera peut-être » une véritable sagesse à nous, » de n'avoir pas trop précipité » le grand ouvrage de la ré» forme de nos Loix criminelles.

» Ce fut un beau moment » dans l'histoire de notre Mo» narchie, que celui où Louis » XIV interrompit ses con» quêtes pour donner des Loix » à ses Peuples. Les Membres

» les plus distingués du Conseil
» & du Parlement, réunis pour
» rédiger deux Codes de Loix,
» forment un spectacle bien
» intéressant. Mais ce magnifi-
» que siecle des Arts n'étoit
» point encore celui de la
» Législation: on n'avoit pas
» encore discuté les grands
» principes de l'ordre social,
» on ignoroit même une partie
» des droits de l'homme; on ne
» savoit pas sortir d'un objet
» particulier pour saisir ses rap-
» ports avec d'autres objets;
» on ne savoit pas non plus se
» placer dans les grands points
» de vue, où le Législateur
» doit toujours habiter: mal-

» heureusement encore, des
» deux hommes qui se sont le
» plus appliqués à la rédaction
» de ces Loix, ce fut celui
» qui avoit le plus de mérite
» qui y eut le moins de part.
» Pussort avoit de l'ordre & de
» la sagacité dans l'esprit, mais
» il n'avoit que cela des qua-
» lités du Législateur. Il a fait
» avec courage la guerre à la
» chicane dans l'Ordonnance
» civile: mais dans l'Ordon-
» nance criminelle, il semble
» ne s'être proposé que le suc-
» cès de l'accusation. Le Pré-
» sident de Lamoignon n'a-
» voit pas si bien étudié l'ordre
» des procédures; mais ses

» principes de Jurisprudence » étoient bien plus sains & » bien plus élevés : il avoit un » cœur humain, un esprit gé- » néreux ; & il réclame sou- » vent le droit naturel pour » les hommes livrés à la Justice, » & des libertés honorables, » mais peut-être dangereuses, » pour ceux qui l'exercent. Il » est souvent inférieur à Pussort » dans ses discussions sur l'Or- » donnance civile ; mais dans » celles de l'Ordonnance cri- minelle, il rend souvent » odieux le triomphe que Pus- » sort a obtenu sur lui ».

L'Auteur de ces Observa- tions apprécie ensuite avec dignité, justesse & précision, le peu d'Ouvrages qui paroissent présenter quelques idées d'une réforme utile.

« Ils ont, dit-il, glorieuse-
» ment ouvert une carriere qui
» reste encore toute entiere à
» parcourir. Une Société de
» Philosophes amis du bien
» public, a proposé depuis trois
» ans un Prix pour cet Ouvrage:
» elle n'a pas encore adjugé ce
» Prix; il faut du temps ainsi
» que de grands talents pour le
» mériter. Mais aucun Gouver-
» nement n'a encore sollicité
» sur cet objet les lumieres &
» les secours des Jurisconsultes
» & des Philosophes.... Quel

» Gouvernement voudra s'ho-
» norer par les travaux du génie ?
» C'eſt à ma Patrie ſur-tout que
» j'oſe adreſſer cette invitation.
» Je vois autour du Trône des
» hommes que la renommée de
» leurs Ecrits avoit déſignés
» pour la place qu'ils occupent :
» j'en vois d'autres qui étoient
» dignes d'éclairer leur pays
» comme de le ſervir : je vois
» ſur le Trône un Prince à qui
» on ne peut propoſer trop de
» moyens de connoître & de
» faire le bien. Combien celui-
» ci mériteroit d'être adopté
» par ſa ſageſſe ! Il fut un pays
» où le vœu que j'expoſe ici
» étoit une Loi de l'Etat. Quoi

» de plus auguſte & de plus » touchant que cette procla- » mation que l'on entendoit à » Athenes dans les jours les » plus ſolemnels : *Que tout Ci-* » *toyen qui a des vues utiles* » *monte à la Tribune, & vienne* » *parler au Peuple* » !

Un Juriſconſulte, dans les mains duquel ce Journal eſt tombé les Vacances dernieres, a cru, d'après cette invitation publique, non pas devoir monter à la Tribune, mais propoſer ſes réflexions ſur nos Loix pénales avec la modeſtie qu'impoſe l'importance d'une pareille matiere. C'eſt aux Lecteurs éclairés de juger ſi elles peuvent être auſſi utiles, que le motif qui les a produites eſt louable.

TABLE.

SECONDE PARTIE.

Des différentes peines applicables aux différents genres de délits.

TROISIEME PARTIE.

De l'Instruction.

APPROBATION.

J'AI lu par ordre de Monseigneur le Garde des Sceaux un Manuscrit ayant pour titre : *Essai sur les Réformes à faire dans notre Législation Criminelle*, par M. V***, Avocat au Parlement. La manière noble & précise avec laquelle cet Ouvrage est traité, me fait penser qu'il sera favorablement accueilli du Public. Paris, ce 12 Janvier 1781.

LALAURE.

PERMISSION.

LOUIS, par la grace de Dieu, Roi de France & de Navarre : A nos amés & féaux Conseillers, les Gens tenans nos Cours de Parlement, Maistres des Requestes ordinaires de notre Hôtel, Grand Conseil, Prevôt de Paris, Baillifs, Sénéchaux, leurs Lieutenans Civils, & autres nos Justiciers qu'il appartiendra : SALUT. Notre amé le Sieur V***, Avocat au Parlement de Paris, Nous a fait exposer qu'il desireroit faire imprimer & donner au public un Ouvrage de sa composition, intitulé : *Essai sur les Réformes à faire dans notre Législation Criminelle*; S'il Nous plaisoit lui accorder nos Lettres de Permission pour ce nécessaires. A CES CAUSES, voulant favorablement traiter l'Exposant, Nous lui avons permis & permettons par ces Présentes de faire imprimer ledit Ouvrage, autant de fois que bon lui semblera, & de le vendre, faire vendre & débiter par tout notre Royaume, pendant le temps de CINQ ANNÉES consécutives, à compter du jour de la date des Présentes. FAISONS défenses à tous Imprimeurs, Libraires & autres personnes, de quelque qualité & condition qu'elles soient, d'en introduire d'impression étrangere dans aucun lieu de notre obéissance ; à la charge que ces Présentes seront enregistrées tout au long sur le Registre de la Communauté des Imprimeurs & Libraires de Paris, dans trois mois de la date d'icelles ; que l'impression dudit Ouvrage sera faite dans notre Royaume & non ailleurs, en bon papier & beaux caractères ; que l'Impétrant se conformera en tout aux Réglemens de la Librairie, & notamment à celui du 10 Avril 1725, & à l'Arrêt de notre Conseil du 30 Août 1777, à peine de déchéance de la présente Permission ; qu'avant de l'exposer en vente, le Manuscrit qui aura servi de copie à l'impression dudit Ouvrage, sera remis dans le même état où l'approbation y aura été donnée, ès mains de notre très-cher & féal Chevalier, Garde des Sceaux de France, le Sieur HUE DE MIROMESNIL; qu'il en sera ensuite remis deux Exemplaires dans notre Bibliothéque publique, un dans celle de nostre Château du Louvre, un dans celle de notre très-cher & féal Chevalier, Chancelier de France, le sieur DE MAUPEOU, & un dans celle dudit sieur HUE DE MIROMESNIL: le tout à peine de nullité des Présentes: du contenu desquelles vous mandons & enjoignons de faire jouir ledit Exposant & ses ayans causes, pleinement & paisiblement, sans souffrir qu'il leur soit fait aucun trouble ou empêchement: Voulons qu'à la copie des Présentes, qui sera imprimée tout au long, au commencement ou à la fin dudit Ouvrage, foi soit ajoutée comme à l'original. Commandons au premier notre Huissier ou Sergent sur ce requis, de faire, pour l'exécution d'icelles, tous actes requis & nécessaires, sans demander autre permission, & nonobstant clameur de Haro, Charte Normande & Lettres à ce contraires. Car tel est notre plaisir. DONNÉ à Paris, le vingt-quatrieme jour du mois de Janvier, l'an de grace mil sept cent quatre-vingt-un, & de notre Règne le septieme. Par le Roi en son Conseil. LEBEGUE.

Registré sur le Registre XXI de la Chambre Royale & Syndicale des Libraires & Imprimeurs de Paris, N. 2269, fol. 440, conformément aux dispositions énoncées dans la présente Permission, & à la charge de remettre à ladite Chambre huit exemplaires prescrits par l'article 108 du Réglement de 1723. A Paris, ce 26 Janvier 1781. LECLERC, Syndic.

ESSAI

ESSAI
SUR
LES RÉFORMES A FAIRE
DANS
NOTRE LÉGISLATION
CRIMINELLE.

IL ſemble que le moment approche, où les droits de l'homme & l'intérêt du corps ſocial vont être juſtement appréciés : les lumieres répandues par la Philoſophie, nous ont convaincus de l'inſuffiſance de nos Loix ſur cet objet important de l'Adminiſtration ; la cauſe de l'humanité ſemble exciter au moment actuel une ſorte de fermentation dans les eſprits ; des Couronnes Académiques ſont propoſées à ſes plus zélés défenſeurs, & la néceſſité de la réforme eſt déja comme annoncée dans des écrits publics.

Pour remplir une tâche ſi noble, il faut connoître les droits de l'homme ſocial, le principe qui le fait agir ; diriger la pente de ſon intérêt perſonnel vers le bien public ; apprécier les actions qui ſont vraiment utiles ou contraires aux intérêts de la Société ; punir les actions préjudiciables pour empêcher de nouveaux troubles ; employer le genre de peine le plus réprimant par ſon oppoſition avec le genre de vices qui les aura produits ; n'infliger de peines ſéveres que dans l'inſuffiſance reconnue de peines moins rigoureuſes ; aſſurer dans une inſtruction ſage la juſtification de l'innocence avec autant de zele que la conviction du crime ; marquer le terme où finit la liberté civile & où commence l'oppression ; concilier enfin les égards dus au Citoyen, avec la protection due à la Société générale.

Dans quel Code des Nations trouverons-nous sur une matiere aussi intéressante des préceptes dont l'humanité puisse réclamer les avantages ? & comment arrive-t-il que la science la plus utile aux hommes ait été si long-temps méconnuë, tandis que les monumens des Arts attestent les progrès de l'esprit humain dans presque toutes les parties de la terre ?

L'Egypte fut la premiere qui, au milieu des ténebres de l'idolâtrie, donna au monde des leçons de sagesse : mais ses Législateurs eurent moins pour objet de réprimer les crimes que de contraindre à des actions louables (1). Ils crurent qu'on pouvoit faire à la multitude un devoir de la perfection ; & cette erreur fut peut-être celle de la vertu.

Le Législateur des Juifs, en instituant un Gouvernement Théocratique, leur présenta la regle de leurs devoirs comme prescrite par la Divinité ; il regarda leur infraction comme une offense faite à Dieu lui-même ; il mesura l'offense à la grandeur de l'offensé, & de-là la sévérité des châtimens contre tout infracteur de ces regles.

La Grece répandit quelques rayons de lumiere : mais les premieres Loix

---

(1) Il y eut des peines contre l'oisiveté ; celui qui pouvant sauver un homme attaqué ne le faisoit pas, étoit puni de mort comme l'assassin. *V. Diodore, liv.* 1, *pag.* 69.

d'Athenes étoient cruelles ; elles furent abrogées par Solon, qui ne conserva la peine de mort que contre les assassins.

Le Législateur de Lacédémone (1), en formant un Peuple de Guerriers, introduisit la licence dans les mœurs.

Platon, dans son *Projet de République*, fixa son attention sur l'homme vertueux ; il crut pouvoir imaginer pour lui un plan de Gouvernement aussi parfait que lui-même : sa Politique & sa Morale ne furent qu'un Roman ingénieux.

Les Romains protégerent les crimes favorables à leur agrandissement; ils méconnurent les droits de l'humanité, puisqu'ils admirent l'esclavage, & qu'ils s'arrogerent le droit de vie & de mort sur leurs esclaves & même sur leurs enfans.

---

(1) Lycurgue.

Dans quelques Contrées de l'Asie le despotisme s'assit sur le Trône comme un Dieu menaçant ; il régna par la terreur, & les moindres crimes furent punis par des peines atroces (1).

Dans notre Europe, long-temps barbare, combien les progrès de la Législation ont dû être lents ? Que voyons-nous en effet dans ses différentes révolutions ? les irruptions des Nations du Nord déchirant entr'elles les dépouilles de l'Empire Romain ; l'établissement du Gouvernement féodal, qui de Seigneurs puissans fit des Sujets rebelles, & dans les mains desquels le droit de

---

(1) Au Japon on punit de mort presque tous les crimes, parce que la désobéissance à un aussi grand Empereur que celui du Japon est un crime énorme. *Esprit des Loix*, *liv. 6*, *chap. 13*.

protéger produisit l'esclavage (1); une Justice superstitieuse & meurtriere, qui terminoit les contestations par des combats, & laissoit à Dieu le soin de faire triompher l'innocent; l'entreprise des guerres saintes (2), où les Nations se dégraderent en se communiquant leurs vices; la découverte de l'Amérique & l'or du Potose employé par l'intrigue à acheter les places qui appartenoient à la vertu; les guerres civiles de Religion, le fanatisme allumant des bûchers, égorgeant le frere par le frere & le pere par le fils.

Au milieu de ces ténebres épaisses, l'Espagne érigea un Tribunal de sang; elle confondit la cause de Dieu avec celle de l'ordre social;

(1) La servitude réelle & personnelle.

(2) Les Croisades.

elle s'occupa moins des crimes de l'homme à l'homme que des crimes de l'homme à Dieu.

Après des ſecouſſes orageuſes, un jour ſerein parut luire ſur l'Angleterre ; l'humanité y fut reſpectée ; chaque Citoyen acquit le droit d'être jugé par ſes pairs, & d'avoir un défenſeur ; il ne put être condamné à mort que par l'unanimité des ſuffrages ; l'inſtruction fut publique, & parut être fondée ſur la préſomption de l'innocence : mais cette préſomption même a ouvert une voie trop facile à l'impunité.

Parmi nous, au contraire, la forme de l'inſtruction s'eſt établie ſur la préſomption du crime, & paroît préparée pour le ſuccès de l'accuſation : auſſi le ſecret & la rigueur de cette inſtruction ont-ils plus d'une fois compromis l'innocence.

Quant à nos Loix pénales, ouvrage

de plusieurs de nos Souverains, promulguées à des époques très-éloignées les unes des autres suivant les besoins du moment, elles ne peuvent former un plan de Législation suffisamment combiné : l'extrême rigueur des plus anciennes a influé sur les plus récentes; & quand nous réunissons ces Loix éparses, nous trouvons presque par-tout la peine de mort & l'infamie.

Ces Loix punissent de mort, comme le crime de meurtre, les profanations sacrileges (Edit de Juillet 1682); le crime de rapt (Ordonnance de Blois, art. 42); le faux commis par un Officier public (Edit de 1680); le faux témoignage en matiere grave (Ordonnance de 1531); la fabrication de fausse monnoie (Déclaration de 1726); ceux qui se servent de faux poinçons dans les ouvrages d'orfévrerie (Déclaration du 24 Janvier 1724) ; les Greffiers qui reçoivent au-delà du salaire porté par les Réglemens, quoiqu'il leur fût volontairement offert (Ordonnance de Blois, article 160); la banqueroute frauduleuse (Ordonnance d'Orléans, article 143); le péculat (Ordonnance de François Premier de 1545); les contrebandiers attroupés au nombre de cinq (Déclaration du 2 Août 1729); le vol domestique le plus modique (Déclaration du 30 Mars 1724); le vol dans les maisons avec effraction, le vol sur les grands chemins & dans les rues, même sans port d'armes (Ordonnance de François Premier du 15 Janvier 1534); les rebellions à Justice, même sans homicide (Ordonnance de Blois, art. 190); le duel, par le seul fait que l'on se sera battu sans qu'il en soit résulté d'inconvéniens (Edit de 1679, art. 13).

Quant à l'infamie, elle se trouve multipliée dans nos usages sous les différentes sortes de peines auxquelles nos Loix l'ont attachée; le fouet, la marque, la langue coupée ou percée, le poing coupé, le carcan, le pilori, les galeres, le bannissement, l'amende-honorable, le blâme, le plus amplement informé indéfini, l'amende simple en matiere criminelle, & l'aumône au civil (1).

Pourquoi d'abord la peine de mort se trouve-t'elle aussi fréquemment ordonnée dans notre Législation? les notions de la Morale ne se confondent-elles pas dans l'esprit de la multitude, lorsqu'elle voit des crimes si différens réprimés par le même genre de supplice? La peine

---

(1) Art. 7 & 13 du tit. 25 de l'Ordonnance de 1670.

de mort d'ailleurs n'eſt - elle pas tyrannique, quand elle n'eſt pas juſtifiée par la néceſſité ? n'eſt-elle pas contraire même à l'intérêt de l'Etat qu'elle prive de pluſieurs de ſes membres, ſi l'on peut encore les lui rendre utiles, en les condamnant à des travaux qui tournent à l'avantage de la choſe publique ?

De cette extrême rigueur réſulte l'inexécution de pluſieurs de nos Loix. Dans le nombre de banqueroutes frauduleuſes dont nous ſommes les témoins, quels ſont les débiteurs infideles qu'on punit aujourd'hui de mort ? Parmi les dépoſitaires des deniers royaux, quels ſont ceux que l'on condamne au dernier ſupplice pour avoir abuſé de leur caiſſe ? & dans les duels même, malgré la ſévérité des Loix de Louis XIV, nous ne voulons voir que des rencontres imprévues, pour n'avoir point à inſliger contre le courage du faux honneur, des peines qui ſemblent deſtinées au lâche aſſaſſin. La Loi qui preſcrit le ſecret ſur l'inſtruction criminelle, eſt encore aujourd'hui aſſez ouvertement violée ; il n'y a point d'affaires importantes dans ce genre, où l'on ne remette entre les mains du défenſeur d'un accuſé une copie exacte de l'inſtruction : nous avons même vu aſſez récemment dans une conteſtation fameuſe (1), l'inſtruction criminelle imprimée & rendue publique par toutes les Parties intéreſſées.

De cette inexécution des Loix réſulte la néceſſité de les réformer ; car le frein politique eſt affoibli, quand la Légiſlation devient impuiſſante & ſans vigueur, même dans la moindre de ſes parties.

---

(1) L'Affaire des Srs de Queiſſac & Damade.

Pourquoi, d'un autre côté, noter d'infamie des coupables qu'on laisse en liberté ? n'est-ce pas les mettre dans la nécessité d'en faire un abus plus dangereux que celui qui a déjà mérité l'animadversion de la Justice ? Quand un Citoyen n'est point assez dangereux pour le retrancher de la Société, il ne faut pas lui enlever le pouvoir d'effacer ses torts par une conduite plus réguliere. Si la Justice imprime sur son front le caractere de l'infamie, les gens de bien doivent le fuir ; alors ce malheureux rangé dans la classe des êtres les plus méprisables, & ne pouvant devoir sa subsistance à l'honnêteté, est obligé de la chercher dans de nouveaux crimes : si l'infamie au contraire ne produit pas l'effet qu'on en doit attendre dans l'opinion des hommes, la Loi n'est plus respectée, & le danger devient plus grand encore.

Parmi les condamnations infamantes se trouve le bannissement hors du Royaume : mais de quel droit envoyons-nous chez l'Etranger des sujets pervers ? si ce droit existe, les Nations voisines peuvent user de représailles, & que gagnerons-nous à de pareils échanges?

S'il fut jamais permis d'espérer des modifications salutaires dans cette partie de notre Législation, c'est sans doute sous le regne d'un jeune Monarque, qui a appellé près de lui les conseils de la sagesse & de l'expérience; qui a déjà manifesté ses égards pour l'humanité, en abolissant la servitude dans les terres de son Domaine; en abrogeant la peine de mort contre les déserteurs de ses armées; en prescrivant les réformes nécessaires dans ces prisons infectes où l'innocence se trouve souvent confondue avec le crime; en supprimant les horreurs de cette torture préparatoire, impuiſſante vis-à-vis du ſcélérat robuſte, & meurtriere vis-à-vis de l'innocent trop foible pour réſiſter à la douleur.

Reſpectons les Loix. Mais la raiſon publique, dont elles ſont l'ouvrage, a ſes âges & ſes accroiſſemens ainſi que celle des individus; & quand, éclairée par l'expérience des ſiecles & les exemples des autres Peuples, elle eſt parvenue à ſon point de maturité, elle doit ſe replier ſur elle-même pour réformer ſes erreurs, & conſacrer ſes efforts au bonheur de l'humanité.

Mon objet eſt donc ici de ſoumettre à l'Autorité bienfaiſante, des réflexions que l'amour du bien public a dictées. Je ſens combien le point d'où je pars eſt élevé; j'apperçois de tous côtés les obſtacles que de longs uſages & d'anciens préjugés m'opposent : mais la tâche est importante & noble ; & tel est le plan que je me suis tracé pour la remplir.

La *Premiere Partie* de cet Ouvrage traitera des délits & des peines en général.

La *Seconde*, de chaque nature de peines applicables à chaque espece de délit.

La *Troisieme*, des réformes à faire dans notre instruction criminelle.

PREMIERE PARTIE.

Des Délits & des Peines en général.

CHAPITRE PREMIER.

Du bien & du mal moral.

C'EST dans le cœur de l'homme qu'il faut en chercher le principe.

Qu'est-ce que l'homme d'abord ? un composé bizarre de foiblesse & de grandeur ; le plus nécessiteux des animaux dans son enfance, le plus superbe dans l'accroissement de ses forces & de ses facultés ; jouet de ses propres passions, il sait maîtriser en quelque sorte l'élément le plus terrible ; il met à profit jusqu'aux tempêtes pour parcourir dans un édifice fragile le vaste empire des mers, & rendre toutes les contrées de la terre tributaires de ses besoins, de ses fantaisies & de son luxe. Tantôt du haut de l'échelle des êtres où il est placé, il interroge la Nature; il analyse, il décompose les substances. Tantôt il s'élance dans l'infini; & comme s'il avoit dérobé à Dieu les secrets de la création, il mesure les distances de ces globes roulans dans l'immensité de l'espace, semble assujettir leur marche rapide au calcul de sa démonstration; & rentrant ensuite en lui-même, il gémit quelquefois sur l'impossibilité de se définir le principe & la nature de son existence.

Soulevons, sans craindre d'être téméraires, une partie du voile qui les couvre; c'est l'homme moral que nous cherchons ici; c'est son penchant au bien ou au mal moral que nous allons apprécier.

Ne calomnions pas la nature humaine ; & ne disons pas comme un Philosophe de nos jours (1), que l'intérêt personnel, l'amour de soi est le mobile unique de toutes les actions de l'homme : son cœur est placé entre deux ressorts , s'il est permis de parler ainsi ; la bienfaisance qui l'étend , l'intérêt personnel qui le resserre : l'Auteur de la Nature lui a imprimé le sentiment nécessaire de l'intérêt personnel ou de l'amour de soi, pour assurer sa conservation ; il lui a donné celui de la bienfaisance , parce qu'il le destinoit à vivre en société. Si l'un de ces ressorts est une fois brisé , l'homme veut tout sacrifier à lui-même, ou sacrifie tout à son semblable. C'est donc

---

(1) Helvétius, liv. de l'Esprit.

dans la balance de ces deux affections que consiste la sagesse humaine : l'homme en est le libre modérateur ; s'il ne l'étoit pas, la Loi qui le puniroit seroit injuste.

Il existe des regles de justice antérieures à la formation des Sociétés policées : *Ce que je possede est à moi, s'il n'a été dérobé à personne ; si ma vie est attaquée, je puis la défendre aux risques de donner la mort à mon agresseur* : tel est l'usage permis de l'affection qui consiste dans l'intérêt personnel ou l'amour de soi. *Je suis bienfaisant en secourant mon semblable ; je suis vertueux en m'imposant des sacrifices pour l'obliger* : tel est l'usage louable de cette affection plus noble, & qui est comme le contre-poids de la précédente.

Convenons-en cependant ; l'intérêt propre, heureusement modifié, peut fournir une foule de citoyens utiles. Si ces ames privilégiées, qui font le bien pour l'unique plaisir de bien faire, ne sont pas communes ; il en est plusieurs qui le font pour les récompenses pécuniaires, la considération, l'honneur, qui y sont attachés. Ainsi l'amour de soi, cet agent presque universel de l'homme, éleve quelquefois une ame ardente à de grandes actions pour en recueillir la gloire ; comme c'est lui qui dans une ame étroite porte envie aux succès, qui égare le voluptueux dans ses plaisirs, qui porte l'ambitieux aux plus injustes entreprises, le rival à l'animosité, l'offensé à la vengeance, l'intrigant à l'infidélité, & le voleur à s'emparer du bien d'autrui. Législateurs, qui voulez la prospérité des Nations que la Providence a placées entre vos mains, connoissez bien le cœur humain ! croyez qu'en général vous gouvernerez les hommes par leur intérêt perſonnel; tâchez de lier les intérêts particuliers à l'intérêt public: voilà la magie du grand art de régner. Faites que la claſſe la plus indigente trouve une reſſource aſſurée dans ſon travail. En accordant des diſtinctions honorables aux talens utiles, accoutumez les gens riches à préférer l'honneur aux richeſſes. Ne puniſſez pas, comme les Souverains d'Egypte, un citoyen pour avoir laiſſé échapper l'occaſion de faire le bien; contentez-vous de punir le mal, & récompenſez les actions généreuſes: ces récompenſes n'épuiſent point les richeſſes d'un Etat; la monnoie de l'honneur, répandue par la ſageſſe, fait germer les vertus. Une couronne de chêne étoit le prix que Rome donnoit aux Conquérans du monde.

CHAPITRE II.

Du droit de punir.

DANS l'état de nature l'homme eſt égal à l'homme; deux ſont plus forts qu'un ; la choſe appartient au premier occupant : mais elle peut lui être enlevée par le premier individu qui ſera le plus adroit ou le plus fort. L'homme ainſi dépouillé a le droit de reprendre ſa choſe; mais il ne peut y parvenir qu'en acquérant à ſon tour la ſupériorité de l'adreſſe ou de la force, qu'en expoſant ſa vie, ou qu'en donnant la mort. La Loi naturelle s'éleve en vain contre l'uſurpation, puiſqu'elle n'eſt point accompagnée de la puiſſance coactive. Cet état, qu'un des Ecrivains les plus éloquens du ſiecle

ſiecle (1) a ſemblé vouloir nous faire envier, eſt un état de guerre perpétuelle.

L'homme a ſenti par ſes craintes & ſes malheurs qu'il étoit deſtiné à vivre en ſociété; que cette Société, pour être paiſible, devoit être ſoumiſe à des regles de juſtice dont il trouvoit les premiers principes dans ſon cœur; & qu'il devoit y avoir, dans le corps ſocial, une force réprimante qui aſſurât l'exécution de ces regles. De-là l'origine de la puiſſance publique & des Loix protectrices de la fortune, de l'honneur, de la vie des Citoyens; de-là la néceſſité de punir tous les torts faits à la Société: mais de-là auſſi l'attention ſcrupuleuſe & recherchée que doit avoir la force réprimante, pour ne faire tomber les

(1) J. J. Rouſſeau.

peines que sur les coupables.

Ainsi, trois choses à remarquer ici : 1° le droit de l'homme social, sa liberté civile, consistent à jouir sous la protection des Loix de toutes les facultés qui lui sont propres ; 2° l'intérêt de la Société exige que les troubles qu'elle éprouve soient réprimés ; 3° la sagesse du Législateur consiste à concilier les ménagemens dus au Citoyen même accusé, mais non-convaincu, avec la protection due à la Société générale.

CHAPITRE III.

De la maniere d'envisager le délit relativement à l'ordre social.

Le délit par rapport à l'ordre social ne doit pas être apprécié de la même maniere que le péché par rapport à Dieu.

L'Etre suprême est le scrutateur des consciences ; il punit des crimes qui ne sont connus que de lui seul ; il juge jusqu'aux plus secretes pensées.

Dans l'ordre social au contraire, c'est l'homme qui juge l'homme ; il ne peut se décider que sur des actes extérieurs non-équivoques ; il ne lui est pas permis de se livrer à l'interprétation des intentions.

Le délit par rapport à Dieu consiste dans la violation de tous les préceptes divins indiſtinctement, ſoit que ces préceptes concernent les devoirs de l'homme envers Dieu, ſoit qu'ils concernent ceux de l'homme envers lui-même, ou de l'homme envers l'homme.

Le délit dans l'ordre ſocial n'eſt autre choſe qu'un trouble ou préjudice cauſé à la Société. Les hommes s'étant réunis pour leur bonheur commun, toute Légiſlation doit tendre à cet objet; toute action utile au corps ſocial doit être réputée vertueuſe & encouragée; toute action qui lui ſera nuiſible doit être réputée criminelle & punie.

Il réſulte de-là que pluſieurs Légiſlateurs ſe ſont mépris par excès de zele pour la Religion, en perſécutant, relativement à leur croyance, des Sujets qui d'ailleurs étoient obſervateurs paiſibles de leurs Loix, qui n'étoient coupables d'aucun trouble, d'aucun préjudice envers l'ordre social. Il importe sans doute que la Religion soit respectée : mais ce n'est pas par la terreur des supplices qu'on peut inspirer la foi ; le fanatisme a fait périr au milieu des flammes une multitude de Citoyens, quand il n'étoit question que de les persuader par les vertus charitables & bienfaisantes que prescrit cette Religion même, au nom de laquelle ils étoient persécutés.

CHAPITRE IV.

De l'objet de la Loi dans la punition des délits.

Le délit d'un homme envers un autre, dans l'état ſocial, doit être conſidéré relativement à la partie perſonnellement offenſée, & relativement à la Société qu'il trouble. La partie offenſée doit être dédommagée autant que les circonſtances peuvent le permettre : mais la Société, que ce délit a troublée, veut être raſſurée ſur les craintes qu'elle a qu'il ne s'en commette de nouveaux ; elle a le droit d'exiger des châtimens publics pour les prévenir, & c'eſt de la ſatisfaction due à l'ordre ſocial qu'il s'agit principalement ici. Il eſt important d'en bien apprécier les motifs. Ces motifs ne ſont point ceux des passions humaines, trop au-dessous de la dignité de la Loi. La Justice n'est point non plus une de ces Divinités, auxquelles des adorateurs atroces immoloient des hommes pour appaiser leur courroux. La vengeance, quelle qu'elle fût, seroit insensée, & n'empêcheroit pas qu'un tort fait à la Société, par l'assassinat d'un Citoyen, n'existât réellement. L'objet des Loix, dans les peines qu'elles prononcent, n'est donc pas de faire souffrir un coupable, mais d'empêcher que ce coupable ne porte de nouveaux troubles à la Société, & qu'il ne trouve des imitateurs, par l'impression que doit faire son châtiment sur les esprits. Ainsi les peines infligées pour l'intérêt de l'ordre social ne sont pas réparatives, mais préservatives; ainsi le préservatif, c'est-à-dire le châtiment, doit toujours être proportionné au plus ou moins d'importance du délit, au plus ou moins de dangers qui réſulteroient de ſon impunité pour l'ordre ſocial ; ainſi, dans la diſtribution des peines relatives à chaque nature de délits, on ne doit ſe permettre que le degré de ſévérité néceſſaire pour réprimer l'affection vicieuſe qui la produit. Toute peine dont la rigueur excede cet objet d'utilité eſt tyrannique ; car, ſi la Société doit être protégée, les droits de l'homme doivent être reſpectés. Il n'eſt permis de le ſacrifier qu'autant que ce ſacrifice importe à la ſûreté publique ; & de-là ſuit la conſéquence que la peine préférable, même en matiere grave, ſeroit celle qui, en faiſant le moins ſouffrir le coupable, feroit cependant l'impreſſion la plus profonde ſur la multitude.

CHAPITRE V.

Le droit de punir peut-il s'étendre jusqu'à la peine de mort?

L'ASSASSIN périt sur l'échafaud victime d'une Loi promulguée pour sa propre conservation ; car cette Loi faisoit défenses d'attenter à sa personne, de même qu'à celle de ses semblables : cette rigueur est-elle juste ?

Un Etranger, défenseur ardent de la cause de l'humanité (1), a prétendu, dans un Ecrit répandu parmi nous, que nulle Puissance de la terre ne pouvoit avoir le droit de mort sur un Sujet, même coupable du plus grand crime. « Quel peut être, a-t'il » dit, le droit que les hommes s'attri-

(1) M. le Marquis de Beccaria.

» buent d'égorger leurs ſemblables ?
» ce n'eſt certainement pas celui d'où
» réſultent la Souveraineté & les
» Loix ; elles ne ſont que la ſomme
» totale des petites portions de li-
» berté que chacun a dépoſées pour
» former cette Souveraineté ; elles
» repréſentent la volonté générale,
» réſultat de l'union des volontés
» particulieres. Mais quel eſt celui
» qui aura voulu céder à autrui le
» droit de lui ôter la vie ? comment
» ſuppoſer que dans le ſacrifice que
» chacun a fait de la plus petite
» portion de liberté qu'il a pu aliéner,
» il ait compris celui du plus grand
» des biens ? & quand cela ſeroit,
» comment ce principe s'accorde-
» roit-il avec la maxime qui défend
» le ſuicide ? ou l'homme peut diſ-
» poſer de ſa propre vie, ou il n'a
» pu donner à un ſeul, ni même à
» la Société entiere, un droit qu'il
» n'avoit pas lui-même » ?

Ce raisonnement n'est qu'un sophisme ingénieux.

L'homme n'a pas le droit de s'ôter la vie, mais il a celui de la défendre. De quelque maniere que la Puissance publique se soit formée, il n'a pu refuser son assentiment à une Loi qui avoit pour objet de protéger ses jours. Dans l'état de nature, & pour l'intérêt légitime de ma propre conservation, j'ai le droit d'ôter la vie à celui qui attaque la mienne : dans l'état de Société civilisée, j'ai par conséquent le droit de voter pour la mort de celui qui attente à ma vie ; & si j'enfreins la Loi à laquelle j'ai concouru, la Société entiere a le droit d'en réclamer contre moi l'exécution : si je n'ai pas le droit de m'ôter la vie, je n'ai pas celui de l'ôter à mes semblables, & de prétendre que la mienne doive être respectée.

Auſſi dans toutes les Légiſlations connues, même dans celles qui ont eu les plus grands égards pour l'humanité, telles que celle des Chinois, & celle de Solon dans Athenes, la peine de mort fut-elle décernée contre l'aſſaſſinat de guet-à-pens. On voudroit en vain s'en diſſimuler la juſtice; c'eſt la peine du Talion, celle qui touche de plus près aux premiers principes de l'équité naturelle; & ſi à la perte d'un Citoyen elle ajoute la mort d'un autre, cette mort doit paroître utile: elle délivre la Société d'un homme pervers qui ne doit plus lui appartenir, puiſqu'il a rompu le lien des conventions ſociales; le ſupplice de cet aſſaſſin prévient d'ailleurs de nouveaux crimes qu'il auroit pu commettre; il devient un exemple impoſant pour la perverſité.

CHAPITRE VI.

Que la peine de mort doit être restreinte aux seuls attentats contre la vie.

CETTE peine n'a aucune espece d'analogie avec les autres crimes qui peuvent être réprimés aussi efficacement d'une maniere moins cruelle.

La Loi qui punit de mort le simple vol, a produit peut-être plus d'inconvéniens que ceux qu'elle a voulu prévenir. Si le vol parmi nous est presque toujours le motif ou l'occasion de l'assassinat, c'est parce que le voleur, qui sait que la Loi le condamne à mort, ne croit pas courir un plus grand risque en se rendant assassin : ou plutôt il croit diminuer par-là les risques qu'il court ; car la mort le délivre d'un témoin important dont la dénonciation peut le conduire au ſupplice.

Si au contraire la peine de mort n'eſt point attachée au crime de vol, le voleur laiſſera vivre le Citoyen qui peut le dénoncer; parce que l'eſpérance de ſe ſouſtraire pourra balancer dans ſon cœur la crainte de la pourſuite; & parce que, dans l'incertitude de ſavoir s'il échappera ou non à la peine, il préférera de n'être puni que comme voleur à l'être comme aſſaſſin.

« En Chine il n'y a que les vo-
» leurs cruels qui ſoient punis de
» mort ; cette différence fait qu'on
» y vole, & qu'on n'y aſſaſſine pas.
» En Moſcovie, où la peine des vo-
» leurs & celle des aſſaſſins étoient
» autrefois les mêmes, on y aſſaſſi-
» noit toujours; les morts, diſoit-
» on, ne racontent rien. En Angle-
» terre on n'y aſſaſſine point, parce
» que les voleurs peuvent eſpérer

» d'être transportés dans les Colo-
» nies, & non pas les assassins ».
Esprit des Loix, tom. Ier, p. 190.

Ajoutons que la rigueur excessive de la Loi produit souvent l'impunité. Quel est le maître en effet qui, dans l'état actuel des choses, dénonce un vol à lui fait par son domestique, pour le voir pendre à sa porte, & soulever par-là, contre lui, la clameur populaire ? Le voleur domestique est communément chassé par son maître, & va voler chez un autre qui le chasse à son tour. C'est cette indulgence, occasionnée par la sévérité même de la Loi, qui l'enhardit au crime.

CHAPITRE VII.

Que la Loi pénale doit être générale, & frapper sur tous les états & toutes les conditions.

A Rome, ſous les Empereurs, les peines furent diviſées en trois claſſes ; on en décerna de très-douces contre les premieres perſonnes de l'Etat, de plus ſéveres contre celles d'un rang inférieur, & de très-rigoureuſes contre le peuple (1). Cette étrange politique annonçoit le regne de la tyrannie.

Reſpectons les dignités, les rangs & la Nobleſſe antique ; ils portent l'attache du Souverain qui les a accordés comme un gage honorable de ſa confiance, ou comme la ré-

(1) Eſprit des Loix, Tom. I, pag. 187.

compenſe due à des talens utiles. Si un homme conſtitué en dignité reçoit une offenſe de la part de ſon inférieur, que l'offenſeur ſoit puni avec plus de ſévérité que s'il eût offenſé ſon égal. Mais ſi un homme d'un rang élevé dégrade ſon exiſtence au point de ſe confondre par la baſſeſſe de ſes affections avec la fange de la populace, pourquoi ſeroit-il puni avec moins de ſévérité qu'elle, d'un crime qui ſeroit le fruit de cette baſſeſſe commune (1)?

---

(1) Cette regle de Juſtice eſt établie liv. 4, tit. 25, art. 4 des Conſtitutions du Roi de Sardaigne, publiées en 1770. Ces Conſtitutions ſont l'ouvrage de pluſieurs Souverains dont la ſageſſe héréditaire a ſucceſſivement honoré le Trône & l'Humanité. La partie qui concerne la pourſuite des délits contient des regles très-précieuſes, quoique cependant l'inſtruction ſoit demeurée ſecrette pour le Public, qu'on y ait conſervé l'uſage de la

Nous pensons même qu'il est plus coupable. Les principes de l'éducation noble qu'il a reçue, les devoirs attachés à ses dignités & à ses places, l'exemple de ses aïeux, le respect de son nom, étoient autant de liens bien capables de le retenir, & qu'il n'a pu rompre que par un excès de perversité.

Nous observerons cependant que les gens en place, qui abusent de leurs droits, sont susceptibles d'une punition particuliere, humiliante pour l'amour-propre & cuisante pour l'ambition; celle de la privation de leurs emplois ou de l'interdiction de leurs offices. Mais nous ne parlons ici que des crimes de la bassesse, & nous disons que pour ces sortes de

---

torture préparatoire pour plusieurs cas, & que plusieurs délits étrangers au meurtre y soient punis de mort.

crimes ſur-tout, la Loi doit être générale, qu'elle doit frapper ſur tous les états & ſur toutes les conditions ; car ſi elle ne s'exécutoit que contre le peuple indigent & foible, il la regarderoit bientôt comme tyrannique.

CHAPITRE VIII.

Que la punition ne doit affecter que le coupable.

Un préjugé cruel nuit souvent parmi nous à l'exécution de la Loi; il étend sur une famille entiere l'infamie encourue par un de ses membres : cette famille a-t'elle quelque crédit, elle ne manque pas de l'employer pour sauver son honneur; si le coupable indigne, elle intéresse; le Juge lui-même, agité par ces impulsions contraires, hésite quelquefois à frapper; & quelquefois aussi les pleurs de cette famille obtiennent, de la commisération du Souverain, la grace du coupable : indulgence souvent dangereuse; le droit de faire grace est une des prérogatives de la puissance, mais la principale vertu d'un Roi eſt d'être juſte.

Si au contraire la Juſtice, inacceſſible aux ſollicitations, & le bandeau ſur les yeux, frappe le coupable; ſes parens, ſes enfans ſur-tout, ſont frappés, ſont déshonorés par le même coup; l'Etat qui pouvoit en attendre des ſervices plus ou moins grands, ne verra donc plus en eux que des ames flétries, incapables de rien entreprendre de noble, & auxquelles même la carriere de l'honneur ſera fermée.

Combien n'importe-t-il pas de déraciner un préjugé de ce genre qui n'exiſte point en Angleterre, & que nous aurions dû déjà rejetter loin de nous ſans attendre l'exemple de nos voiſins! Le Souverain, dont la conduite a tant d'influence ſur nos mœurs, peut aiſément parvenir à le détruire. Que le coupable périſſe dans l'ignominie, puiſque la Loi le condamne, & puiſque ſon ſupplice eſt néceſſaire pour aſſurer la tranquillité publique : mais que l'un des ſiens, s'il en eſt digne, ſoit en même temps élevé par le Prince à un poſte honorable ; la multitude ſera bientôt convaincue, par de pareils exemples, que la conſidération attachée à la vertu ne doit dépendre que de la vertu même, & non de la peine infligée au crime d'autrui : *Pœna ſolos autores cernere debet* ; Loi 22, au Code *de Pœnis.*

CHAPITRE IX.

Que les peines doivent tourner autant qu'il est possible au profit de l'État.

Nous avons parlé de la peine de mort utile par l'impression profonde qu'elle doit faire sur l'esprit de la multitude ; mais cette peine étant réservée au meurtre, à l'assassinat de guet-à-pens, il faut voir de quelle utilité pourroient être les peines que l'on peut infliger pour d'autres especes de délits.

Un coupable, puni dans sa personne, peut être condamné aux travaux publics ou à la déportation dans les Colonies.

Il importe à l'Etat que les Ports de mer, les Fortifications des Villes de guerre, les grands chemins, les canaux navigables, les monumens publics ſoient entretenus & réparés. L'immenſité de ces objets exige une multitude d'ouvriers que l'on paie ; & pourquoi n'y point employer des coupables qu'on ne ſeroit tenu que de nourrir ? Quand une punition a cette double efficacité d'empêcher les progrès du crime & de ménager les dépenſes du tréſor public, il ſemble que la Loi qui la prononce réunit tous les objets d'utilité. Il ſeroit même d'autant plus important d'admettre ce genre de peines, qu'aujourd'hui, & par l'état actuel de notre Marine, les coupables condamnés aux galeres ne ſervent point ſur mer.

Il importe pareillement à l'Etat, aux progrès de ſon commerce & de ſa puiſſance, d'accroître ſes Colonies. Et pourquoi le Légiſlateur ne prononceroit-il pas la peine de déportation contre cette eſpece de gens

gens dont les affections ne ſont pas aſſez perverſes, pour en redouter les inconvéniens dans une Société naiſſante, qui approche beaucoup de l'état de nature, & dont les devoirs ſont bien moins multipliés que les nôtres?

Ainſi, en Ruſſie, les criminels ou malfaiteurs qui n'ont point mérité la mort, ſont envoyés dans les déſerts de la Sibérie; ainſi une Loi d'Angleterre prononce contre différens genres de délits, & par les mêmes motifs, la peine de tranſportation dans les Colonies.

CHAPITRE X.

Que les délits doivent être réprimés par les peines les plus opposées aux genres de vices qui les auront produits.

On pourroit dire peut-être qu'il en est des remedes moraux pour la santé du corps social, comme des remedes physiques pour la santé de l'individu : *Contraria contrariis curantur.* La maniere la plus efficace pour combattre les différentes passions ou affections vicieuses qui peuvent troubler l'ordre public, est sans doute d'employer les genres de peines les plus contraires à ces sortes d'affections, & par conséquent les plus cuisantes pour elles.

Ainsi, les délits qui prennent leur source dans l'abus de la liberté, dans le goût de la licence, & qui n'ont trait ni à vol ni à assassinat, doivent être punis par la prison.

Ceux qui consistent dans l'abus de la vie civile & dans une inconduite qui compromet les intérêts d'autrui, par une interdiction pénale.

Ceux qui dérivent de la haine ou de l'amour, & d'habitudes qui tiennent au local, par l'exil légal ou la déportation dans les Colonies.

Ceux qui consistent dans la cupidité du bien d'autrui, & qui présentent des infidélités au-dessous du vol, par des condamnations pécuniaires.

Ceux qui prennent leur source dans l'oisiveté, & qui consistent dans le vol sans armes ou actes équipollens, par la condamnation aux travaux publics & par la confiscation.

Ceux qui ont pour cause la vaine

gloire & le ſaux honneur, par l'humiliation & le déshonneur.

La peine de mort réſervée à l'aſſaſſinat de guet-à-pens ou au vol à main armée, & autres délits de ce genre.

CHAPITRE XI.

Quels délits & quelles peines doivent emporter infamie.

L'INFAMIE doit être envisagée sous deux rapports différens; l'infamie de fait, & l'infamie de droit.

L'infamie de fait est le contraire de l'honneur. L'honneur est ce sentiment fier de lui-même, qui se nourrit de l'estime publique & qui veut la mériter. L'infamie de fait est attachée à tous les vices de la bassesse, dont un sordide intérêt est le principe : c'est cette bassesse qui conduit à l'imposture, aux infidélités, aux abus de confiance, au vol, & quelquefois aux assassinats de guet-à-pens. Ces actions sont vraiment infames, d'après les principes de la morale universelle.

L'infamie résultante d'une condamnation, est ce que nous appellons infamie de droit : mais c'est toujours conformément à ces mêmes principes que le Jugement doit être rendu ; car s'il notoit d'infamie une action qui n'en porteroit pas le caractere, le public pourroit se dispenser de croire à l'infamie déclarée encourue.

Dans nos usages, l'infamie est attachée à un certain genre de peines, entr'autres celles du fouet, de la marque, du carcan, du pilori, &c. Il ne faut donc ordonner ces sortes de châtimens que pour réprimer les vices de la bassesse.

L'effet de l'infamie de droit est de livrer le coupable au mépris public, & de détruire, relativement à lui, cette espece de confraternité qui forme le lien social. Celui qui est déclaré infame n'est plus admis en témoignage, ni à intenter une accusation; la Justice ne croit ni à ses assertions, ni à son serment.

Gardons-nous cependant de noter d'infamie des coupables que nous laisserons dans la Société, nous en avons dit la raison plus haut; & s'ils doivent vivre encore avec leurs Concitoyens, ne leur ôtons pas l'espoir de recouvrer leur estime. Ainsi, l'infamie de droit ne doit point être attachée à de simples condamnations pécuniaires, ni même à une admonition de la Justice, ni à la prison & à l'interdiction pour un temps, ni à des défenses d'approcher de telle Ville plus près qu'à telle distance, quand le châtiment se borne là. Elle ne doit être attachée, d'après notre plan, quant aux coupables non-punis de mort, qu'à la déportation dans les Colonies pour cause d'infidélité, & qu'à la condamnation aux travaux publics pour caufe de vol ou délits équipollens. De pareils coupables pourront être expofés dans les carrefours, au pilori & au carcan, pour rendre leur condamnation plus authentique. Mais fupprimons furtout la flétriffure fur l'épaule, même pour celui qui feroit condamné aux travaux publics à temps. Le forçat rendu à la liberté, après avoir expié fon crime, peut devenir homme de bien, & fe faire, dans quelque Province éloignée, un fort nouveau, en dérobant les traces de l'ancien : mais s'il porte fur l'épaule l'empreinte ineffaçable du crime & de l'ignominie, s'il craint à chaque inftant la découverte de fon état, s'il frémit lui-même à la feule idée de l'horreur que cette découverte peut infpirer ; comment pourra-t'il s'élever de cet abyme d'opprobre jufqu'au courage de la vertu ?

CHAPITRE XII.

Quels délits & quelles peines doivent emporter mort civile & confiſcation.

L'HOMME, dans l'état de nature, n'a que la vie phyſique ; dans l'état ſocial, il joint à ſon exiſtence phyſique la vie civile, c'eſt-à-dire les facultés du Citoyen, les avantages que la Loi lui donne. Cette Loi lui permet de contracter, d'eſter en Jugement, de recevoir des donations & des legs, de diſpoſer de ſes biens, de les tranſmettre aux héritiers de ſon ſang : ces facultés appartiennent par conſéquent à la vie civile.

Celui qui a rompu le lien des conventions ſociales par un crime aſſez grand pour devoir être puni de mort violente, s'eſt rendu indigne de participer aux avantages de la Société ; il eſt par conſéquent privé, par cela même, de la faculté de tranſmettre ſes biens à ſes héritiers. De-là l'origine du droit de confiſcation parmi nous ; les biens du condamné demeurent acquis à la Puiſſance publique.

Si la nature du délit eſt telle que le coupable ne doive pas être condamné à perdre la vie naturelle, mais que néanmoins il mérite pour toujours d'être ſouſtrait de la Société ; il eſt évident que dès-lors il ne doit plus participer à aucun de ſes avantages : la mort civile ſera une ſuite néceſſaire de ſa condamnation ; &, dans ce cas comme dans l'autre, il y aura ouverture à la confiſcation.

Ainſi, les crimes qui ſeront punis par la mort, par la condamnation à la priſon perpétuelle, & par celle aux travaux publics à perpétuité, doivent emporter mort civile & confiſcation.

CHAPITRE XIII.

Que la peine de confiſcation peut être juſtement & utilement modifiée.

L'AUTEUR moderne, qui a défendu avec tant de chaleur les droits de l'humanité (1), s'eſt beaucoup récrié contre l'uſage des confiſcations, parce qu'elles rendent, dit-il, les enfans victimes des fautes de leur pere, & qu'il eſt d'ailleurs au-deſſous de la dignité du Souverain de s'enrichir par le crime de ſes Sujets.

Eh bien! concilions tous les intérêts, même ceux qui paroiſſent les

(1) Le Marquis de Beccaria.

plùs opposés. La Loi civile réserve aux enfans une portion nécessaire dans le patrimoine de leur pere; il ne peut disposer par acte de mort que du surplus; regardons le délit qui doit le priver, soit de la vie naturelle, soit de la vie civile, comme un acte de mort; & ne faisons porter la confiscation que sur les biens qui étoient disponibles dans la main du coupable : alors l'intérêt des enfans, protégé par la Loi civile, ne sera plus en opposition avec l'intérêt de la vindicte publique, protégé par la Loi criminelle. Mais cette modification une fois adoptée, que la portion confisquée soit exigée en toute rigueur, d'après l'utilité dont elle doit être, & que nous allons assigner.

Quelque respectables que soient les Magistrats, ils n'ont que la sagesse humaine en partage; & cette ſageſſe eſt ſujette à des erreurs involontaires, à des mépriſes préjudiciables. Un innocent ſur lequel un concours de circonſtances malheureuſes ſemble fixer le ſoupçon du crime, eſt quelquefois pourſuivi, décrété, empriſonné à la requête du Miniſtere public ſeul; il gémit dans des fers que la Juſtice briſe enfin après une longue inſtruction; & la Juſtice gémit à ſon tour de n'avoir aucune indemnité à lui offrir, pour le préjudice réſultant de ſa pourſuite. Mais s'il exiſtoit une caiſſe particuliere pour le produit des confiſcations, l'indemnité qui eſt due à cet infortuné ſeroit priſe ſur les deniers de cette caiſſe: ces deniers pourroient être encore employés aux frais des pourſuites criminelles qui ſe font à la requête du Miniſtere public; & ce ſeroit ainſi, qu'à la décharge du tréſor du Prince, les deniers provenans des délits ſerviroient à la pourſuite d'autres délits, & à la réparation du préjudice que des pourſuites de ce genre peuvent quelquefois entraîner.

Quant aux délits moins graves que ceux qui emportent mort civile & confiſcation, & qui, d'après les réformes propoſées, doivent être punis par des amendes envers le Roi, tels que ceux au-deſſous du vol, & qui ont la cupidité pour principe, le produit de ces amendes ſeroit porté dans la même caiſſe pour être employé aux mêmes uſages.

CHAPITRE XIV.

Ce qu'il faut laiſſer à l'arbitrage du Juge dans l'application des peines.

Il ſeroit à deſirer ſans doute pour le bien de la Juſtice, que la Loi pût prévoir tous les cas; parce que la Loi dans ſa généralité ne faiſant acception de perſonne, n'a jamais que le bien public pour objet. Le Juge, au contraire, eſt entouré des Parties; il ſtatue pour ou contre un individu qui peut lui paroître plus ou moins coupable, ſuivant la maniere dont il eſt affecté pour lui. Il lui eſt difficile de ſe préſerver de toute prévention; car elle eſt, ſuivant le langage du célebre d'Agueſſeau, le ſeul vice du Sage. Il faut donc reſſerrer, autant qu'il eſt poſſible, la carriere de l'arbitraire; cependant il convient de lui laiſſer un eſpace quelconque, ſans lequel pluſieurs cas non prévus demeureroient néceſſairement impunis. Ainſi en Angleterre un voleur adroit ayant fait arrêter, il y a quelques années, le carroſſe d'un Lord pour lui propoſer de lui vendre cent guinées une paire de piſtolets qu'il dirigeoit contre lui, & ayant remis ſes piſtolets après s'être fait payer cette ſomme, fut renvoyé de l'accuſation, parce que la Loi n'avoit pas prévu le cas.

Qu'eſt-ce donc qu'il convient de laiſſer à l'arbitrage du Juge? le voici. Quoique les eſpeces des délits varient à l'infini, parce que rien ne ſe reſſemble exactement ni dans le phyſique ni dans le moral, néanmoins ces délits ont des caracteres qui les rapprochent néceſſairement de quelques-unes des classes dans lesquelles nous venons de les ranger; ce qu'il faut prescrire au Juge, c'est de prononcer telle nature de peine pour telle nature de délit; ce qu'il faut laisser à son arbitrage, c'est la quotité des amendes pour les délits qui n'emportent point confiscation; c'est le temps que doit durer la peine pour les délits qui n'exigent par leur nature que des peines à temps.

Ainsi, quant aux délits qu'il s'agira de punir par l'interdiction, l'emprisonnement, l'exil, la déportation dans les Colonies, la condamnation aux travaux publics, pour un temps; les Juges, en appliquant la peine, régleront sa durée suivant le plus ou moins de gravité des circonstances.

SECONDE PARTIE.

Des différentes peines applicables aux différentes natures de délits.

QUELQUE étendue qu'annonce ce titre, notre objet n'est pas de présenter ici la nomenclature de toutes les especes de délits qui affligent l'ordre social ; ce détail seroit immense : nous nous contenterons de ranger dans différentes classes les affections vicieuses qui produisent telle ou telle nature de délits ; nous parlerons de ceux qui sont le plus connus, suivant le rapport qu'ils auront avec ces classes différentes ; & nous proposerons de les punir par les peines qui nous paroissent les plus réprimantes, comme étant les plus opposées à leurs causes productives, ou par le genre de condamnation qui présente le plus d'analogie avec la nature du crime. Pour remplir nos vues, nous suivrons l'ordre tracé par le Chapitre X de notre premiere Partie.

CHAPITRE PREMIER.

Des délits qui doivent être punis par la prifon.

DANS l'ordre judiciaire tel qu'il exifte aujourd'hui parmi nous, la prifon n'eft point une peine ; elle eft feulement regardée comme un lieu de dépôt pour les accufés, en attendant qu'ils foient abfous ou condamnés (1).

Il femble cependant que l'homme eft affez jaloux de fa liberté, pour que la peine de prifon trouve fa place parmi celles qu'il eft permis de lui infliger.

Dans l'état focial il ne jouit que

(1) Il faut excepter quelques Loix particulieres concernant le Tribunal de MM. les Maréchaux de France, & la Police.

d'une liberté reſtreinte : cette liberté eſt ſubordonnée à ſes devoirs ; elle dégénere en licence, s'il les enfreint. Cette licence, dans tous les cas qui n'ont trait ni à vol ni à aſſaſſinat, & qui ne préſentent qu'un trouble paſſager, peut être juſtement punie par un temps de priſon ; une telle peine contraſte même parfaitement avec l'eſprit d'indépendance qui porte l'homme à de pareils écarts : elle eſt donc efficacement réprimante pour cette nature de délits.

Ainſi, nous propoſerons de punir principalement par un temps de priſon plus ou moins long, ſuivant la gravité des circonſtances, les perturbateurs du repos public ; ceux qui cherchent querelle dans les rues, injurient & battent les autres ; ceux qui par eſprit d'inſubordination refuſent d'obéir aux Officiers de Police dans leurs fonctions, & leur manquent de respect; ceux qui commettent du scandale dans les Eglises & Assemblées publiques; les Cabaretiers qui, au mépris des Ordonnances de Police, donnent à boire les Dimanches & Fêtes pendant les heures du Service Divin; ceux qui affectent de prendre ce temps pour faire la débauche dans les cabarets; tous ceux enfin qui se seront rendus coupables de torts contraires à la décence publique.

Il paroît encore naturel de punir par la perte de leur liberté, soit à temps, soit à perpétuité, suivant les circonstances, ceux qui auront gêné la liberté des autres en les tenant en chartre privée ou autrement; ceux qui auront surpris sur un faux exposé des ordres du Gouvernement pour faire renfermer un Citoyen; ceux qui se seront rendus coupables du rapt de violence; ceux qui veulent soustraire à l'emprisonnement des criminels ou des débiteurs qu'ils recelent; ceux qui auront procuré aux Prisonniers les moyens de s'évader.

L'analogie d'une pareille peine avec cette nature de délits, doit être parfaitement sentie.

Enfin cette peine pourra être infligée dans d'autres circonstances, dont nous ne parlerons que par la suite, parce qu'elles sont relatives à un genre de délits qui méritera seul un examen assez étendu.

CHAPITRE II.

Des délits qui doivent être punis par l'interdiction.

On conçoit que le topique le plus efficace pour empêcher les abus de la vie civile & des fonctions publiques, est l'interdiction.

Pour le Citoyen qui n'a point de fonctions publiques à remplir, nous ne connoissons dans nos usages que l'interdiction officieuse ; nous proposerons ici d'en admettre une autre d'un genre opposé, & que nous appellerons *interdiction pénale.* Cette interdiction pour le temps de sa durée auroit, à la vérité, le même effet que la mort civile, mais sans infamie ; & voici quel genre d'inconduite pourroit être puni par une interdiction de cette nature.

Un

Un homme fait des entreprises pour lesquelles il a besoin de fonds qu'on lui confie : l'argent d'autrui circule dans ses affaires ; le voyant sans cesse passer & repasser dans ses mains, il en use comme de sa chose; il le dissipe avec sa fortune personnelle, sans qu'il reste rien pour lui-même. Si son inconduite n'eût tendu qu'à la dissipation de son propre bien, sa famille eût pu le faire interdire par commisération pour lui; & c'est ce que nous appellons interdiction officieuse : mais ayant dissipé le bien d'autrui, ayant manqué à la confiance, il mérite d'être interdit à titre de peine ; & c'est ce que nous appellerons interdiction pénale.

La Justice, suivant le plus ou moins de gravité de l'inconduite, pourra prononcer cette interdiction pour un temps ou à perpétuité.

Un intrigant, par de basses souplesses, captive une personne riche valétudinaire ou âgée ; il parvient, par les ressorts qu'il emploie, à dépouiller les héritiers du sang, en se faisant instituer légataire, ou en faisant faire une donation à son profit : est-ce donc assez de déclarer nul ce legs ou cette donation ? ne seroit-ce point encore le cas de prononcer contre l'auteur de la suggestion une espece d'interdiction restreinte, dont l'usage n'est pas non-plus connu dans nos mœurs ; c'est-à-dire de le déclarer, sur les conclusions du Ministere public, incapable de recevoir aucun legs ou donation, si ce n'est de ceux auxquels il est admis à succéder par la Loi ?

Les deux sortes de délits dont nous venons de parler ne sont pas punis par nos Tribunaux.

Dans la premiere espece, on dit aux créanciers qu'ils ont mal placé leur confiance, & le débiteur peut ſaire encore de nouvelles dupes.

Dans la ſeconde, l'intrigant en eſt quitte pour voir déclarer ſon legs nul; il ſe conſole, en ſe flattant qu'une autre fois il ſera plus heureux.

Les peines propoſées contre ces deux ſortes de délits ſeront donc utiles à l'ordre ſocial, & ſuffiront d'ailleurs pour tranquilliſer la Société ſur le genre d'intrigues auxquelles elles ſont relatives.

Quant aux abus commis dans les fonctions publiques, ce n'eſt point une nouveauté parmi nous que de les punir par l'interdiction, ſoit à temps, ſoit à perpétuité, même par l'incapacité prononcée contre les délinquans, de poſſéder par la ſuite aucune eſpece d'Office : une pareille peine a ſon genre de gravité, puiſqu'elle enleve à l'Officier la conſidération à laquelle il prétendoit au moins par ſa place, s'il n'y pouvoit prétendre par ſes vertus. Cette peine doit avoir lieu pareillement contre les Juges coupables de ces torts qui autoriſent la priſe à Partie, c'eſt-à-dire quand ils ont agi *per fraudem, gratiam, inimicitias & ſordes*, ſuivant le langage de la Loi Romaine : nous en exceptons le crime de faux, qui exige qu'on ajoute à la ſévérité de la punition, & dont il ſera queſtion dans un des Chapitres ſuivans.

CHAPITRE III.

Des délits qui doivent être réprimés par l'exil, ou par la déportation dans les Colonies.

Une punition de ce genre doit être particuliere aux délits locaux, s'il est permis de parler ainsi, aux délits qui naissent de la fréquentation de certaines personnes, & qui tiennent à l'habitation dans certains lieux.

Nos Loix ne connoissent pas la peine de l'exil, mais celle du bannissement qui emporte infamie. Nous avons déja fait voir combien il étoit dangereux d'infliger une pareille peine à tout condamné qu'on laisseroit dans la Société : nous croyons donc qu'au bannissement, nos Loix doivent subſtituer l'exil, que par cela même nous appellerons exil légal; exil qui peut être néceſſaire ſans que ſa cauſe ait le caractere de baſſeſſe auquel l'infamie eſt attachée.

Deux paſſions abſolument oppoſées peuvent donner lieu à la provocation de l'exil légal.

La haine qui ſuppoſe l'habitude de chercher ſon ennemi, pour l'inſulter; l'amour qui ſuppoſe l'habitude de chercher la perſonne aimée, pour la ſéduire :

Ces paſſions contraires s'enflamment également à la vue de leur objet.

Ainſi un homme d'une certaine conſiſtance, expoſé à des inſultes, à des voies de fait de la part de ſon ennemi, peut réclamer contre lui l'exil légal, & demander qu'il lui ſoit fait défenſes d'approcher de plus près qu'à telle distance du lieu qu'il habite (1).

De même le mari qui a des preuves de la séduction tentée vis-à-vis de sa femme, ou le pere qui a preuve de pareilles tentatives vis-à-vis de sa fille, sera fondé à requérir cette peine.

Si la haine a été portée jusqu'aux voies de fait graves, telles que la mutilation de quelques membres, un œil crevé, &c.; si les entreprises de l'amour ont été portées jusqu'à la consommation du crime vis-à-vis de la femme mariée; ce sera le cas d'ordonner la déportation du coupable dans les Colonies. Quant à la peine que mérite l'épouse infidelle, elle est sagement établie par la Loi Romaine adoptée dans nos mœurs.

Le Rapt de séduction, le crime de

---

(1) Plusieurs Arrêts ont prononcé de pareilles défenses, mais nos loix n'ont pas de dispositions particulieres sur ce point.

la Polygamie, celui de la profanation du Sacrement de mariage & l'Inceste, tous les désordres scandaleux enfin provenans de l'incontinence luxurieuse, peuvent être encore justement punis par une pareille peine. Ajoutons-y les délits de contrebande & de faux-saunage, parce que l'habitude de ces délits ne peut être dans les Colonies d'aucun danger, & que les Loix prohibitives, dont ils sont l'infraction, n'y sont point établies.

Enfin la déportation pourroit être encore ordonnée pour tous ces délits de filouteries qui consistent dans l'adresse d'un homme infidele à profiter de l'inattention d'un autre, pour lui ravir quelques bijoux; habitude peu dangereuse dans un établissement nouveau, & où les Cultivateurs n'ont d'autre ressource pour subsister, que les productions offertes par la terre à leur travail.

CHAPITRE IV.

Des délits qu'il faut punir principalement par des condamnations pécuniaires.

NOUS entendons parler ici de ces torts envers l'ordre ſocial, qui ont pour principe la cupidité, & qui ſont néanmoins au-deſſous du vol; il convient de les punir par les peines les plus oppoſées à ce principe.

La condamnation pécuniaire & réprimante doit être en pareil cas une amende plus ou moins conſidérable au profit du Roi, indépendamment de l'indemnité qui doit toujours être prononcée en faveur de la partie léſée.

Les crimes ſuſceptibles d'une condamnation de ce genre, ſont principalement l'ufure, le monopole, la concuffion, le ftellionat.

§. Ier. *De l'Ufure.*

La Loi de Moïfe & celle de Jefus-Chrift femblent faire un devoir de prêter gratuitement : au lieu de ne voir dans ce précepte qu'un confeil de Religion, qu'un devoir de charité fraternelle, on en a fait un principe de Légiflation; fans faire attention que le lien focial confifte effentiellement dans l'échange des chofes & dans la réciprocité des fervices. De-là les défenfes portées par nos Loix, de prêter à intérêt, & même de comprendre l'intérêt avec le principal dans des billets. *Voyez* art. I. du tit. 6 de l'Ordonnance du commerce.

Cette maniere de procéder eft contraire aux intérêts du corps focial : ce n'eft pas fur le plan de la charité fraternelle qu'on peut se flatter de gouverner une Société nombreuse; parce que, comme nous l'avons déja observé, les Loix étant générales doivent convenir à la multitude; & que ce seroit exiger au-delà du possible, que de faire à la multitude un devoir de la perfection. Il faut compter beaucoup, pour ne se point méprendre sur l'influence de l'intérêt personnel; & l'on fera des Loix vraiment utiles, & dont l'exécution sera sûre, toutes les fois que l'on pourra concilier l'intérêt personnel avec l'intérêt public. Il est de l'intérêt public que l'argent circule, parce que cette circulation anime & vivifie toutes les branches du Commerce : il circulera plus aisément, si l'on permet à ceux qui ont de gros capitaux de les prêter à intérêts, pour en être remboursés à des époques convenues; parce que dans ce bénéfice le prêteur trouvera l'attrait dont il a besoin pour mettre son argent hors de ses mains ; ce qui n'exclura point une maniere de prêter plus noble de la part des ames généreuses.

Ainsi le crime d'usure ne doit point consister dans le prêt à intérêts; mais en ce que ces intérêts pourroient excéder le taux fixé par le Prince : car si le Législateur ne doit point exiger de l'homme en général qu'il soit bienfaisant sans aucun intérêt personnel, il ne doit pas permettre non-plus que l'avidité mette à contribution le besoin, & que le prêteur tire de son argent un intérêt ruineux pour l'emprunteur : ainsi la peine relative à l'usure doit se resteindre au cas où l'intérêt de l'argent prêté excede le taux permis par les Ordonnances; & cette peine, relativement à l'ordre social, nous paroît devoir être réprimée par une amende envers le Roi, formant au moins le double du bénéfice illégitime que l'ufurier fe propofoit de faire fur le prêt. La rigueur de nos anciennes Loix fur cette matiere eft exceffive & fans aucune proportion avec la nature du délit. L'Ordonnance d'Orléans, art. 141, prohibe les conventions ufuraires & les détours employés pour les couvrir, fous peine de punition corporelle & de confifcation de biens.

§. II. *Du Monopole.*

Ce crime confifte à s'emparer de toute une marchandife ou denrée, pour y mettre enfuite un prix exorbitant ; on fent par-là combien il bleffe l'intérêt public. L'Ordonnance de François Ier, donnée à Villers-Cotterets en 1539, défend, art. 191, les monopoles fous peine de confiſcation de corps & de biens.

La ſévérité ſans doute eſt encore ici portée trop loin, à moins que le monopole ne ſoit tellement combiné, qu'il affame toute une Ville ou toute une Province.

Nous croyons, comme dans l'eſpece précédente, que ce délit dans les cas les plus ordinaires ſeroit ſuffiſamment puni par une condamnation d'amende envers le Roi, au moins équivalente au double du bénéfice illégitime que le monopoleur auroit fait, ou équivalente à celui qu'il ſe ſeroit propoſé de faire.

§. III. *De la Concuſſion.*

La concuſſion eſt le crime de l'Officier public qui exige des préſens ou de l'argent qui ne lui eſt pas dû : c'eſt encore la même peine de confiſcation de corps & de biens qui ſe trouve prononcée contre ce délit par l'Ordonnance de Moulins, art. 23.

Dans ce cas, il convient de condamner le concuſſionnaire à la reſtitution de ce qu'il a mal-à-propos reçu, à une amende envers le Roi formant le double de ce qu'il aura reçu, & de le deſtituer de ſon Office.

§. IV. *Du Stellionat.*

Celui-là eſt ſtellionataire qui vend ou engage des immeubles qui ne lui appartiennent pas, pour ſe procurer les deniers d'autrui; ou qui hypotheque comme francs & quittes ſes immeubles, quoiqu'ils ſoient grevés de différentes charges.

Nos Loix, ſi ſéveres dans une multitude de cas, ne prononcent point de peines contre ce crime; on ne le pourſuit même preſque plus aujourd'hui que par la voie civile, & l'on ſe contente d'ordonner le rembourſement de la créance contre le débiteur ſtellionataire, avec contrainte par corps.

Indépendamment de cette reſtitution, qui ne concerne que la partie léſée, il faut, pour la réparation due à l'ordre public, punir ce délit par une amende envers le Roi, que le Juge arbitrera ſuivant les facultés du coupable, & pour laquelle il ſera retenu en priſon juſqu'à ce qu'elle ſoit payée, ou juſqu'à ce que le Roi juge à-propos de lui en faire la remiſe, s'il eſt dans l'impoſſibilité du paiement.

On pourroit encore placer peut-être au nombre des crimes puniſſables par des condamnations pécuniaires, le délit du dépoſitaire des deniers royaux, qui les emploie à un autre uſage qu'à celui de leur deſtination; ſoit parce qu'il eſt preſſé par le beſoin, ſoit parce qu'il eſpere pouvoir les rétablir par quelques opérations dont il attend l'événement. La Déclaration du Roi du 3 Juin 1701 prononce la peine de mort contre ce crime ; mais l'excès de sa rigueur en empêche l'exécution. Ne vaudroit-il pas mieux y substituer une peine plus douce & strictemement exigée ; ajouter à la destitution de l'emploi, la condamnation d'une amende considérable, jusqu'au paiement de laquelle le délinquant garderoit prison ?

Si le dépositaire de deniers royaux s'étoit enfui avec l'argent de sa caisse, il y auroit crime de vol ; il seroit punissable par les condamnations dont on va parler.

CHAPITRE V.

Des délits qu'il convient de punir par la condamnation aux travaux publics, & par la confiscation.

CES délits sont ceux de vol ou équipollens au vol: délits produits, soit par le besoin qui naît d'une oisiveté volontaire, soit par l'appât d'un profit illégitime ; & sous l'un & l'autre point de vue, le rapport de la peine avec le crime est établi.

Si le vol ou l'acte équivalent a pour cause l'oisiveté, la peine la plus opposée à la nature de ce vice est celle sans doute des travaux les plus fatigans.

Si le vol ou l'acte équivalent a pour cause la cupidité du bien d'autrui, il faut que celui qui en est coupable soit privé non-seulement de tout ce qu'il poſſede, mais même du ſalaire attaché aux travaux les plus pénibles.

§. Iᵉʳ.

Nous aſſimilerons au vol la banqueroute frauduleuſe : ce crime n'eſt preſque jamais puni parmi nous.

Un intrigant monte une maiſon de commerce conſidérable ; quand il a attiré dans ſes mains l'argent ou les marchandiſes de ſes correſpondans, il fait ſon partage & prend la plus groſſe part : il appelle enſuite ſes créanciers pour leur dire qu'il eſt ruiné ; il ne leur abandonne que ce qu'il croit indiſpenſable pour les faire entrer dans ſes vues. Ces créanciers craignant de tout perdre par les frais qu'entraînent les pourſuites judiciaires, forment un corps de direction ; & ſouvent l'intrigant pouſſe l'art au point de ſe faire valoir comme néceſſaire, ſous prétexte que lui ſeul peut leur faciliter les recouvremens modiques qu'il leur abandonne. Quand ſa décharge eſt une fois acquiſe, ou quand ſes affaires ſont terminées, il jouit ſans ſcrupule & ſans gêne, aſſez publiquement, d'une aiſance ou d'une fortune qu'il ne doit qu'à la fraude. Heureux encore ſes créanciers, s'il n'inſulte pas, par ſon faſte, à la miſere à laquelle il les réduit !

Pour arrêter le cours d'un pareil ſcandale & mettre la Juſtice plus à portée de le réprimer, il conviendroit qu'un débiteur en faillite ne pût faire aucun arrangement avec ſes créanciers ſans le concours du Miniſtere public, & que l'Officier, revêtu de ce caractere, rendît plainte contre tout failli ou banqueroutier qui ſeroit hors d'état de juſtifier des pertes par lui faites, & des cauſes raiſonnables qui auroient pu le mettre dans l'impoſſibilité de ſatisfaire à ſes engagemens. La crainte d'une pareille recherche, qu'on élude ſi aiſément aujourd'hui, ſeroit un frein ſalutaire contre une fraude auſſi monſtrueuſe ; & ſi la peine de mort nous paroît trop ſévere pour un délit de ce genre, le banqueroutier frauduleux peut être juſtement condamné, ſoit pour un temps, ſoit à perpétuité, aux travaux publics, ſuivant les circonſtances qui peuvent aggraver plus ou moins ſon délit.

§. II.

Quant au vol proprement dit, nous en diſtinguerons de pluſieurs ſortes : le vol dans les maiſons par un étranger & ſans effraction ; le vol avec effraction ; le vol domeſtique ; le vol dans les rues & ſur les grands-chemins.

Le vol commis dans les maisons par un étranger, & sans effraction, peut être suffisamment puni par une condamnation de quelques années aux travaux publics; & si c'est une femme qui l'a commis, par sa réclusion dans une maison de force.

Mais, pour les autres especes de vols, il faut une peine plus rigoureuse.

La sévérité des peines propres à prévenir le danger, doit s'accroître en proportion de ce que la prudence de l'homme auroit moins de pouvoir pour s'en garantir : car, s'il s'agit d'une sorte de torts dont je puisse me préserver par quelques précautions, le corps social sera moins inquiet; il pourra même me reprocher quelque négligence; il exigera, dans ce cas, une peine moins févere contre celui qui aura profité de ma faute : ce principe, puisé dans la nature des choses, peut servir de guide pour les différens degrés de peines que méritent les délits, chacun dans leur genre.

Ceci posé, le vol sans effraction, commis dans les maisons par un étranger, est d'une conséquence moins dangereuse que les autres especes de vols ; car je suis jusqu'à un certain point le maître de ne recevoir, dans mon intérieur, que des personnes dont la réputation m'annonce l'honnêteté ; je suis au moins le maître, quelques personnes que je sois obligé de recevoir, de ne point laisser à portée de mains suspectes, des effets, bijoux ou deniers qui peuvent disparoître en un instant : mais il n'en est pas de même ni du vol domestique, ni du vol avec effraction ou avec de fausses clefs, ni du vol sur les grands-chemins ou dans les rues. Je suis obligé de me fier à mon domeſtique ; je prends toutes les précautions de la prudence quand je renferme ſous la clef ce qui m'appartient ; je ſuis néceſſité pour mes affaires , ou pour les communications que comporte l'état ſocial, d'aller dans les rues, de voyager ſur les grands-chemins.

Il faut donc placer ces trois eſpeces de délits ſur la même ligne, le vol domeſtique, le vol avec effraction , le vol ſur les grands-chemins & dans les rues. L'ordre public eſt dans le cas d'en éprouver les mêmes inquiétudes ſans avoir de négligence à reprocher à la partie léſée : ces trois eſpeces de délits paroiſſent devoir être punies par la condamnation aux travaux publics à perpétuité (1).

---

(1) Il faut excepter néanmoins les vols commis à main armée ou avec inſtruments

§. III.

A côté des especes de vol dont nous venons d'établir la peine, nous croyons devoir placer les différens crimes de faux, qui ont pour objet ou d'exiger d'autrui ce qui n'est point dû, ou de le tromper par de fausses valeurs. Distinguons ici le faux commis hors des fonctions publiques, d'avec le faux commis dans l'exercice de pareilles fonctions.

Le faux commis hors des fonctions publiques, est moins grave; il doit être puni avec moins de sévérité; je pouvois me dispenser de traiter avec cet intrigant qui m'a donné de fausses lettres de change:

---

de nature, qui méritent une condamnation plus sévère, & dont il sera question dans un moment.

mais comment puis-je me préserver d'un faux de la part d'un Officier public ? Je ſuis obligé, par les formes établies, d'employer ſon miniſtere dans une multitude de cas : c'eſt un Officier public qui reçoit mes actes ; c'eſt un Officier public qui juge & prononce ſur mes intérêts ; c'eſt dans l'exactitude rigoureuſe d'un pareil miniſtere que réſide, en grande partie, la tranquilité publique. L'ordre ſocial eſt donc fondé à réclamer des peines ſéveres contre des délits qui le compromettent auſſi eſſentiellement ; & ſi la peine de mort, prononcée par nos Loix, paroît trop rigoureuſe, & eſt par cela même rarement infligée, on peut y ſubſtituer la condamnation aux travaux publics à perpétuité.

§. IV.

La même peine doit être infligée

pour une autre nature de faux; contre l'Ouvrier qui se sert de faux poinçons dans les ouvrages d'orfévrerie d'or & d'argent, & contre les fabricateurs de fausse monnoie; parce qu'en donnant de fausses valeurs pour de véritables, & trompant ainsi la foi publique, leur crime doit être au-moins assimilé à celui du vol.

Observons que, dans tous les cas où la condamnation aux travaux publics aura lieu, soit à temps, soit à perpétuité, la peine de confiscation doit être également prononcée : savoir, la confiscation des revenus pour le temps que doit durer la peine, si elle est à temps; & la confiscation des fonds, de la maniere expliquée au Chapitre XIII de notre Premiere Partie, si la peine est à perpétuité.

CHAPITRE VI.

Des délits qu'il convient de réprimer, principalement par les humiliations & le déshonneur.

Ces délits ſont ceux qui ont pour principe la vaine gloire & le faux honneur : ici ſe placent les crimes de duel, ſous leurs formes différentes.

Les peines portées par l'Edit de 1679 ſont de la plus grande ſévérité. Il prononce la peine de mort contre les duelliſtes, lors même que ce crime n'a point été accompagné d'homicide, & la confiſcation de leurs biens. Si l'un des deux eſt tué, le procès doit être fait à ſa mémoire. Si un Roturier a provoqué un Gentilhomme, par le fait ſeul de la provocation, il doit être pendu.

Ceux qui auront porté le billet de provocation doivent être fouettés & marqués pour la premiere fois, envoyés aux galeres pour la seconde. Les spectateurs du combat doivent être privés pour toujours de leurs charges, dignités & pensions; & s'ils n'en ont pas, on doit prononcer contre eux, ou la confiscation, ou l'amende du quart de leurs biens.

Cette Loi formidable est vivement combattue par un préjugé cruel, qui veut que l'Homme d'honneur, le Gentilhomme, le Militaire sur-tout, lavent leur offense dans le sang de leur ennemi.

Qu'il nous soit permis de faire sentir 1° les inconvéniens de la Loi dans sa rigueur excessive.

2°. De combattre le préjugé par son absurdité même.

3°. De proposer une réparation

judiciaire tellement ſatisfaiſante, qu'elle diſpenſe l'offenſé de recourir aux armes pour venger ſon injure.

4°. D'indiquer des peines réprimantes moins cruelles, mais plus efficaces.

§. Ier.

Le premier inconvénient de la Loi, c'eſt qu'elle eſt en contradiction avec l'opinion publique.

L'aſſaſſinat eſt le crime d'un lâche, qui prend ſes avantages & tue ſans riſques pour lui-même : il mérite par conſéquent de mourir dans un ſupplice ignominieux, & la peine prononcée par la Loi eſt toujours concordante avec l'opinion publique ſur ce point. Mais on eſt loin de regarder comme lâche ou infame un Citoyen, qui, trop fier pour ſouffrir une offenſe, trop prompt pour attendre une juſtice lente des Tribunaux, trop brave pour craindre le danger, appelle son adversaire au combat avec des armes égales, & lui porte la mort en courant les risques de la recevoir; il répugne donc à l'opinion publique, qu'un tel coupable soit puni du même genre de supplice que le lâche assassin.

2°. Nous avons posé comme principe général, que la peine la plus contraire à l'affection vicieuse qui a produit le délit, étoit nécessairement la plus réprimante & la plus efficace : or, peut-on dire que la peine de mort soit véritablement réprimante pour des gens dont le délit consiste à se jouer de leur propre vie & de celle d'autrui ? Si l'homme, pour qui la vie seroit un fardeau pénible, étoit surpris & arrêté dans ses desseins au moment où il voudroit trancher ses jours, qu'on le jugeât & qu'on le condamnât à la mort, ne diroit-il pas au Bourreau : *Je vous remercie de la peine que vous m'évitez, & du bon office que vous allez me rendre?*

3°. Non ſeulement la rigueur de la Loi n'a point eu l'effet d'empêcher les duels, mais elle a produit de très-grands inconvéniens. Avant cette Loi, les duelliſtes étoient dans l'uſage de ſe faire accompagner au combat ; & leur vaine gloire aimoit à ſe procurer des témoins de leur valeur : mais depuis les peines ſéveres prononcées contre les aſſiſtants, les duelliſtes combattent ſeuls, & même dans le plus grand ſecret. Il n'eſt pas rare que de ces deux combattans l'un ſoit plus brave & plus noble que l'autre : mais le moins brave eſt ſouvent le plus dangereux ; car, s'il accepte le combat pour conſerver ſon honneur, il prendra ſes avantages pour conſerver ſa vie en donnant la mort à son adversaire, & il pourra prétendre encore qu'il s'est généreusement battu, car le mort ne le contredira pas.

La Loi des duels, telle qu'elle existe aujourd'hui, présente donc des inconvéniens sensibles. Il est à désirer qu'on la modifie. L'opinion sur le point d'honneur, qui porte au duel, est absurde ; il faut la détruire.

§. II.

C'est une position étrange, dans les mœurs actuelles, que celle d'un galant homme, d'un Noble ou d'un Militaire qui a reçu une offense ; à qui la Loi défend de se battre sous peine de mort, & à qui le préjugé ordonne de se battre sous peine de déshonneur ; à qui les Tribunaux offrent une réparation sans aucun risque pour lui, & à qui le préjugé commande de se faire justice à lui-même au péril de sa vie !

Ce préjugé tient-il donc aux véritables principes de l'honneur, ou ne s'agit-il que d'un préjugé absurde & d'un usage barbare ?

« Cet usage, dit l'Auteur de l'Esprit des Loix, tom. 3, p. 147, » nous vient de la barbarie de nos » peres; de ces temps où la Justice » humaine, sans principe & sans » guide, soumettoit à Dieu la déci- » sion des contestations qu'elle étoit » incapable de terminer, & croyoit » que la décision devoit dépendre » de l'événement d'un combat dans » lequel l'Auteur de toute Justice » devoit faire triompher l'innocent, » comme si le Créateur devoit pro- » duire un miracle pour suppléer à » l'impéritie du Juge ».

Mais sommes-nous donc encore dans ces temps d'épaisses ténebres ?

les principes de l'ordre ſocial ne ſont-ils pas connus ? pouvons-nous encore ignorer que tout homme, régi par des Loix, a remis à la Puiſſance publique le droit de le juger; que ſe faire juſtice à ſoi-même, c'eſt entreprendre ſur les prérogatives de cette Puiſſance, & troubler l'Etat ? Si un Citoyen, de quelque condition qu'il ſoit, reçoit une offenſe, les Tribunaux ne ſont-ils pas ouverts à ſa réclamation ? n'avons-nous pas des Magiſtrats dignes de la vénération publique, & qui ſont armés du glaive de la Loi pour venger les torts qui nous ſont faits ?

Pourquoi, dans l'Ordre militaire ſur-tout, ſemble-t-on accréditer un préjugé auſſi dangereux ? pourquoi tel Officier, brave d'ailleurs, eſt-il ſourdement, mais ſignificativement néanmoins, menacé de ſe voir priver de ſon emploi, s'il refuſe de ſe battre en duel ? ſeroit-ce donc que l'Ordre militaire formeroit une claſſe de Citoyens à laquelle nos Loix ſeroient étrangeres, & qu'il ſeroit au-deſſous de lui de s'adreſſer aux Tribunaux ? Mais ſi en matiere d'offenſe perſonnelle, un Militaire eſt en droit de ſe faire juſtice, pourquoi n'étendroit-il pas cette faculté aux intérêts de ſa fortune ? pourquoi ne diroit-il pas au Seigneur de ſon voiſinage : *Votre château & votre terre ſont à moi ; je veux vous le prouver les armes à la main ?*

Penſeroit-on que cet uſage des combats ſinguliers ſeroit néceſſaire pour entretenir l'intrépidité du courage & le mépris de la mort ; & qu'une multitude, ainſi diſpoſée, ſeroit plus formidable à l'ennemi ? Mais qu'a de commun ce genre d'eſcrime obſcur avec ces actions d'éclat dans leſquelles la Nobleſſe

Françoiſe a tant de fois donné des preuves de la plus haute valeur ? Mais les Romains, ces Conquérans du monde ; les Carthaginois, pendant long-temps leurs fiers rivaux ; les Lacédémoniens, cette Nation créée pour la guerre par les principes fondamentaux de ſon établiſſement, connurent-ils l'uſage des duels ? Lycurgue, Légiſlateur de ces derniers, leur fit-il un devoir de venger leur offenſe par les armes & par le ſang ? Cependant les ames de ces Guerriers étoient grandes ; mais leurs intérêts particuliers ſe concentroient dans l'intérêt de la Patrie, dont il falloit défendre les poſſeſſions ou étendre la gloire. . . . Jeunes Militaires, qui oubliez que votre ſang eſt conſacré à l'Etat, qui ne craignez pas de le répandre pour un geſte, pour une parole, entendez Thémiſtocle la veille d'une bataille ! Il ſoutient avec fermeté, contre l'avis d'Euribiade, que, pour aſſurer la victoire, il faut livrer le combat dans le détroit de Salamine; Euribiade, irrité de la réſiſtance, leve la canne ſur lui avec un geſte offenſant & des paroles menaçantes : *Frappe*, dit Thémiſtocle, *mais écoute*. Ce ſang-froid ſublime enchaîne la pétulance; Thémiſtocle eſt écouté, ſon conſeil eſt ſuivi, & la Grece eſt ſauvée.

Nos mœurs, dit-on, ne ſont pas celles des Romains ni des Grecs; un Militaire, un Gentilhomme, qui refuſe de ſe battre, eſt ſuſpecté de lâcheté par cela même; on imagine qu'il craint le danger: cette opinion le dégrade, & le rend par conſéquent indigne de ſervir le Roi.

Mais ſi un inſenſé, jaloux de montrer ſon intrépidité, porte à la mienne le défi de me précipiter avec lui du haut d'une tour, dois-je donc paſſer pour un lâche, en me refuſant à cette extravagance ? La raiſon me permet-elle d'expoſer ma vie, quand ma mort eſt contraire à l'intérêt de l'Etat, à celui de ma famille, au mien propre ? Pourquoi compromettre auſſi légérement ſon exiſtence, vis-à-vis d'un ſpadaſſin que quelquefois on rougiroit d'avoir pour ami ? Accuſons de lâcheté, dévouons au mépris public, le Guerrier qui fuiroit devant l'ennemi : mais pouvons-nous trop honorer celui qui, rendu à l'intérieur de ſes foyers, après avoir ſignalé ſon courage ſur la frontiere ou ſur nos vaiſſeaux, dépoſe les armes devant la Loi, & juſtifie, par ſa conduite, ſon reſpect pour elle ? Les Romains mettoient leur ſang à trop haut prix pour le répandre dans des querelles particulieres ; mais ils avoient des eſclaves qui, dans l'arêne, ſe donnoient la mort avec grace & avec adresse pour égayer la férocité de leurs maîtres. En France & dans le siecle des lumieres, le Public maîtrisera-t-il par un préjugé barbare, nos plus nobles Citoyens ? en fera-t-il des gladiateurs serviles, pour amuser ses loisirs ?

Non ; ce sont de dignes Chevaliers, répondent les Partisans de ces usages, & non pas des esclaves. Ils n'abusent point de la victoire ; ils réunissent le courage à la générosité. . . . A la générosité, dites-vous ? . . . Mais ces raffinemens d'attention après le combat vis-à-vis de celui que vous avez blessé, cet air d'intérêt avec lequel vous envoyez savoir de ses nouvelles, sont-ils bien sinceres ? Quoi ! vous le traitez en ami, parce que vous n'avez pu lui donner la mort ! vous voulez qu'il vous sache gré de vos ſoins, quand ſon ſang coule par vos coups ! Le Cannibale, qui mange l'ennemi qu'il a vaincu, met au-moins, dans ſa férocité, de la franchiſe. Il étoit donc réſervé à l'homme civiliſé, d'être cruel & faux tout-à-la-fois, & d'allier un cœur barbare avec les dehors de l'urbanité.

Nous oſons penſer, pour l'honneur de nos mœurs, qu'un préjugé auſſi révoltant ne tient plus qu'à peu de choſe. Que celui de nos Guerriers, qui ſe ſera le mieux montré devant l'ennemi, & qui, dans un moment de vivacité, aura eu le malheur d'offenſer ſon égal, ait aſſez de grandeur pour avouer ſes torts, pour en faire volontairement réparation, & pour refuſer le combat s'il y eſt provoqué ; on ne ſuſpectera point ſon motif. Que le Prince, par une conduite concordante avec ſa vo-onté légale, honore, dans ce généreux Militaire ſon dévouement à la Loi, & la révolution eſt faite. L'homme qui ne marque pas, pourra s'autoriſer de l'exemple de l'homme qui marque ; il ne ſera point ſuſpect de lâcheté pour avoir refuſé le combat, quand la valeur même reconnue, honorée, aura craint de ſe compromettre en l'acceptant.

§. III.

Il y a plus de grandeur à reconnoître volontairement ſes torts qu'à les ſoutenir les armes à la main ; les ſatisfactions de cette premiere eſpece ſeront par conſéquent toujours rares : il faut donc, pour l'intérêt de l'honneur, aſſurer à l'offenſé, dans les Tribunaux, une réparation telle qu'elle puiſſe lui enlever le deſir de ſe faire juſtice à lui-même.

Si un Roturier (1) s'eſt rendu coupable d'un propos injurieux vis-à-vis d'un Noble, qu'il ſoit tenu de venir en perſonne lui faire excuſe, & réparation d'honneur à l'Audience publique, dont il ſera donné acte par Jugement à l'offenſé ; ſinon, condamné en une amende envers le Roi, équivalente à deux années de ſon revenu.

Si c'eſt le Noble qui a fait injure au Roturier, qu'il ſoit condamné à ſe tranſporter chez le Notaire que celui-ci lui indiquera par ſommation ; pour, en préſence de ce Notaire & des témoins, être dreſſé procès-verbal de la réparation, dont il reſtera minute ; & à défaut de le

(1) Nous entendons ici un homme qui occupe dans la Société une place honnête, & à qui l'uſage des armes n'eſt point étranger.

faire, qu'il ſoit condamné à une amende à l'arbitrage du Juge.

Si l'offenſeur & l'offenſé ſont de condition égale, que l'offenſeur ſoit tenu de faire réparation chez telle perſonne, & en préſence de telles autres que l'offenſé jugera à propos de choiſir, dont il ſera également dreſſé procès-verbal devant Notaires; ſinon, l'amende d'une année de revenu déclarée encourue au profit du Roi pour déſobéiſſance à Juſtice.

S'il y a eu un ſoufflet, que la réparation ſoit faite à genoux; & à défaut de la faire, que l'offenſeur ſoit condamné à une amende plus forte, & même à quelque temps de priſon ſuivant les circonſtances; que dans tous les cas il ſoit permis d'imprimer & rendre publique la Sentence qui prononcera la condamnation.

L'offenſe ſe fait-elle entre Militaires en Garnifon , ou entre Militaires en exercice fous l'infpection de leurs Supérieurs? qu'il foit enjoint au Militaire offenfé par fon égal, d'ordonner de la part du Roi les arrêts à fon agreffeur : une injonction pareille préfente d'abord un caractere de dignité & de grandeur, bien propre à faire difparoître les humiliations de l'offenfé. Que l'offenfeur foit tenu de faire réparation à l'offenfé devant leurs Supérieurs, & qu'à défaut de la faire, il foit caffé. Si l'offenfe eft faite à un Officier fupérieur, que l'offenfeur, indépendamment de la perte de fon grade, foit condamné à la prifon pendant un temps, fauf à être par la fuite remplacé dans un autre corps, s'il prouve, par une conduite plus mefurée, qu'il eft digne de cette grace.

L'offenfé provoqueroit-il le duel

pour ſe faire juſtice à lui-même ? non-ſeulement, & par le ſeul fait de cette provocation, il ne pourra plus prétendre à aucune réparation; mais même il doit être privé de ſon emploi ainſi que l'offenſeur.

§. IV.

Si, malgré l'abſurdité démontrée du préjugé, & la réparation aſſurée à l'offenſé, quelques hommes portoient encore le fanatiſme de la vaine gloire & du faux honneur, juſqu'au point de vouloir terminer leurs querelles particulieres par l'événement d'un combat ſingulier; alors, c'eſt principalement par le déshonneur des coupables qu'un pareil délit doit être réprimé.

Pour déterminer l'application de la peine avec ſes acceſſoires, nous diſtinguerons le cas où le duel auroit eu lieu par la provocation de l'offensé, d'avec le cas où l'auteur de l'offense est en même temps le provoquant.

Premier Cas.

Quand c'est l'offensé qui a provoqué le combat accepté par l'offenseur, il faut regarder l'offenseur & l'offensé comme étant également coupables de duel: l'offensé, puisqu'il l'a provoqué; l'offenseur, parce qu'il a donné lieu à la provocation, & qu'il a accepté le combat; ils doivent être par conséquent punis des mêmes peines.

Sont-ils Nobles? ils doivent être tous les deux dégradés de noblesse & destitués de leurs dignités & de leurs emplois à perpétuité, avec défenses de porter les armes. Le Prince doit rejetter des serviteurs qui prostituent ainsi leur courage, au lieu de le réserver pour sa déſenſe & pour ſa gloire. Sont-ils Roturiers ? la même deſtitution & les mêmes défenſes doivent avoir lieu ; ils doivent être de plus déclarés incapables de ſervir le Roi, ſoit à la guerre, ſoit dans des Offices publics, de quelque nature que ce ſoit. L'un des deux duelliſtes eſt-il Noble, & l'autre Roturier ? il n'y aura rien à changer aux peines ci-deſſus : le Noble qui accepte le combat propoſé par le Roturier, ou qui l'a provoqué lui-même, a compromis ſa nobleſſe; il faut le placer ſur la même ligne que ſon adverſaire, relativement aux peines encourues. Le combat a-t-il été ſuivi de mort ? point d'indemnité contre l'homicide pour les parens ou enſans de l'homicidé, il a bien voulu courir les riſques de ſa vie : point de condamnation d'amende à titre d'indemnité pour l'Etat;

l'Etat ; la perte d'un pareil Sujet est trop modique : mais l'homicide, indépendamment des peines ci-dessus énoncées, gardera prison pendant un temps, pour empêcher que quelque parent de l'homicidé ne cherche à venger sa mort par un même genre de combat.

Second Cas.

L'auteur de l'offense est-il en même temps celui qui a provoqué le duel en menaçant son ennemi de lui faire un mauvais sort, s'il refusoit de se battre ? le provoquant alors est seul coupable ; car ses excès ont placé son adversaire dans l'état de nature, & l'ont réduit à la nécessité d'user de sa force & de son adresse pour défendre ses jours ; le provoquant sera donc seul puni. Si le combat n'a point été à mort, que le provoquant, comme il est dit ci-dessus, soit dégradé de Noblesse, s'il est Noble; qu'il soit déclaré incapable de servir le Roi dans aucuns emplois ou offices, s'il est Roturier; & comme le crime de ce provoquant est plus grave que dans la premiere espece, que son épée soit cassée par le Bourreau, avec défenses à lui de jamais porter les armes; qu'il soit de plus, tenu de garder prison pendant quelques années.

Le provoqué contraint de se battre a-t-il été tué? que le provoquant alors soit encore condamné à une amende envers le Roi, équivalente au quart de son bien, pour l'avoir privé d'un de ses Sujets; à une indemnité d'un pareil quart au profit de la famille de l'homicidé, & à un temps de prison beaucoup plus long.

Est-ce au contraire le provoquant que l'événement du combat a puni?

il a reçu le châtiment qu'il méritoit; & le provoqué, comme nous l'avons déjà dit, n'ayant donné la mort que pour défendre sa vie, doit être affranchi de toute peine; il jouira même sans aucune altération de l'estime des gens de bien.

Cette maniere de procéder, qui rejette sur l'offenseur & sur le provoquant tout le poids de la peine, & qui réprime le délit par la nature de châtiment, la plus contraire à son principe, nous paroît plus efficace que ces peines sanguinaires, & presque toujours éludées, portées par la Loi de Louis XIV; & si elle est adoptée & maintenue par le Législateur, il y a lieu de croire enfin qu'elle fera cesser un usage, dont la barbarie dégrade un siecle, qu'on pourroit appeller sans cela celui des lumieres & de la raison.

CHAPITRE VII.

Des délits qui doivent être punis de mort.

Nous avons déja dit & prouvé dans notre premiere Partie que les attentats de guet-à-pens doivent être punis de mort.

Mais il se présente ici quatre difficultés importantes qu'il faut résoudre.

1°. Celui qui a machiné un assassinat, & qui a été empêché de le commettre, doit-il être puni de mort ?

2°. Le faux témoignage, qui a eu pour objet de faire condamner un innocent au dernier supplice, doit-il être puni de mort ?

3°. Le genre de condamnation que l'on prononce à l'occasion du ſuicide, doit-il être conſervé ?

4°. La Loi concernant l'infanticide ne doit-elle pas être modifiée ?

§. Ier. *De l'Aſſaſſinat non conſommé.*

Le Code Britannique, qui penche vers la tolérance, ſe contente de punir cet attentat de la priſon. Les Juriſconſultes Anglois partent de ce principe, que pour encourir la peine il faut le concours de l'acte prohibé par la Loi, & de la volonté de le commettre : d'où ils inferent que la volonté, quoique manifeſtée, étant demeurée ſans effet, il n'y a pas lieu à la peine ; & que d'ailleurs la Société n'éprouvant pas dans cette circonſtance la perte d'un Citoyen, elle n'a pas le droit d'exiger la mort du coupable en réparation de l'attentat.

On peut répondre que la peine de mort contre le meurtrier n'a pas pour objet la réparation du meurtre par lui commis, puiſque ce meurtre eſt irréparable ; mais que la rigueur de cette peine eſt juſtifiée par le danger que courroit l'ordre ſocial, ſi de pareils attentats n'étoient pas auſſi ſévérement punis.

Ceci poſé, la difficulté rentre dans cette queſtion : La Société n'a-t-elle pas autant à craindre du ſcélérat qui n'a pu conſommer ſon aſſaſſinat, parce qu'il a été ſurpris, que du ſcélérat qui l'a conſommé, parce qu'il n'a point trouvé d'obſtacle ? Si, comme on n'en peut douter, la Société eſt également intéreſſée à effrayer par la ſévérité du châtiment ceux qui ſeroient capables de les imiter ; ſi le degré de perverſité dans ces deux coupables eſt abſolument le même, pourquoi n'y auroit-il pas pareil degré de févérité dans la peine (1)?

Par fuite de ce principe, nous conclurons que la peine de mort doit être prononcée contre tout voleur à main armée, foit dans les rues, foit dans les grands chemins, foit dans les maifons, quoique le vol n'ait point été accompagné d'homicide; parce que ces armes annoncent qu'en cas de réfiftance l'attentat eût été commis. Nous penfons, à plus forte raifon, que quiconque eft coupable de rebellion à Juftice à main armée, doit être également puni de mort; nous croirions feulement qu'il faut diftinguer le genre du fupplice, réferver celui de la po-

(1) L'Ordonnance de 1547, donnée par Henri II à Saint Germain-en-Laie, punit la machination du crime d'affaffinat comme l'affaffinat lui-même.

tence aux attentats de ce genre qui n'auroient point été consommés, & celui de la roue à l'assassinat & au meurtre effectués.

§. II. *Du faux témoignage en matiere grave.*

Deux faux témoins se concertent pour charger un accusé d'un crime dont il n'est point coupable, & pour l'assassiner avec le glaive de la Justice. Leur complot se découvre dans l'instruction : ces témoins doivent-ils subir le supplice qu'ils vouloient faire subir à l'innocent ?

Le faux témoin dans ce genre est plus coupable sans doute que le scélérat qui assassine sur les grands-chemins ; parce que celui qui est attaqué de la sorte peut quelquefois repousser la force par la force ; au lieu que l'accusé n'a souvent qu'une dénégation impuissante à opposer au faux témoignage. Ce crime eſt un attentat direct contre Dieu, au nom duquel le faux témoin jure de dire la vérité; contre la Juſtice, à laquelle il tend le piege le plus dangereux; contre la Société, qu'il veut priver d'un Citoyen honnête.

Chez les Romains, ſuivant la Loi *Cornelia de Sicariis*, ce crime étoit puni de mort; parmi nous, l'Ordonnance de 1531 prononce pareille peine, même dans des circonſtances moins graves. L'Edit de 1680 laiſſe, à la vérité, à l'arbitrage du Juge la condamnation qui doit être prononcée contre ceux qui commettent le faux hors d'une fonction publique; mais pluſieurs Arrêts depuis ont condamné un faux témoin à mort, quand ſa dépoſition tendoit à faire périr l'accuſé.

Cette peine eſt celle du talion, & rien ne paroît plus juſte.

Mais l'Anglois, qui raisonne profondément, fait encore une objection sérieuse sur ce point. Supposons, dit-il, cette Loi du talion strictement exécutée : quand celui qui a véritablement vu commettre l'assassinat par tel individu sera appellé pour en déposer, il sentira qu'il va déposer au péril de sa vie ; il craindra que l'accusé, qui a grand intérêt de faire tomber sa déposition, ne pratique des témoins dont il se servira pour la faire rejetter comme fausse, & pour le faire punir comme calomniateur ; dans cette inquiétude il aimera mieux garder le silence sur ce qu'il aura vu, que d'oser ainsi se commettre. Tel est le motif qui, dans la Législation Angloise, a fait rejetter la peine de mort contre le faux témoin, même dans la matiere la plus grave, pour y substituer la prison.

Mais un pareil motif ne paroît

pas devoir nous arrêter. Un témoin qui a la vérité pour objet, doit bien moins appréhender la peine attachée à la perfidie du faux témoignage, que le faux témoin lui-même : car la fausseté du témoignage suppose presque toujours la possibilité de la prouver ; au lieu qu'un témoignage véritable se fortifie par le concours de toutes les circonstances qui lui sont relatives. Il n'est donc pas probable qu'un coupable de crime capital puisse trouver de faux témoins pour faire tomber les preuves acquises contre lui, sur-tout si la peine attachée au faux témoignage dans cette matiere est la peine de mort. Ajoutons que, pour convaincre un témoin de faux témoignage, il ne suffit pas de lui en opposer un qui dépose d'un fait inconciliable avec le sien ; il en faut au-moins deux : il en faudroit par conséquent au-moins quatre, pour faire tomber deux dépoſitions faites à la charge de l'accuſé ; ce qui rend le ſuccès de la machination de la part de ce dernier, pour ainſi dire, impoſſible. Cette impoſſibilité ſera encore mieux établie d'après les réformes que nous propoſerons bientôt ſur notre genre d'inſtruction, & qui auront principalement pour objet d'aſſurer la vérité des témoignages.

§. III. *Du Suicide.*

L'homme doit-il regarder la vie comme un préſent de Dieu, qu'il ſoit tenu de conſerver, juſqu'à ce qu'il plaiſe à Dieu de le lui ravir ? ou bien doit-il regarder ſon corps comme une priſon gênante, dont il puiſſe s'affranchir, de même que l'eſclave qui rompt ſa chaîne ? Il ne peut y avoir de doute ſur cette queſtion. La vie eſt un bienfait du

Ciel ; elle ne devient un mal que pour les méchans. Le Citoyen appartient à l'Etat ; ayant droit aux secours de la Société, il ne peut sans crime la priver, en se donnant la mort, de ceux dont il est tenu envers elle.

Mais est-ce à l'homme de punir un pareil crime ? ce droit n'est-il pas plutôt réservé à la vengeance divine ? Les Nations les plus policées n'ont pas été d'accord sur ce point.

La Loi d'Athenes punissoit le suicide, en coupant la main qui avoit porté le coup mortel.

La Loi Romaine ne prononçoit aucune peine : *Si quis impatientiâ doloris, aut tædio vitæ, aut morbo, aut furore, aut pudore, mori maluit, non animadvertatur in eum* (1).

---

(1) Voyez le Digeste liv. 48, tit. 21, & le Code liv. 9, tit. 50, *de bonis eorum qui mortem sibi consciverunt.*

La Loi Britannique le punit par l'abandon ignominieux du corps de ſon auteur traverſé par un pieu expoſé ſur un grand-chemin, & par la confiſcation de ſes biens: mais cette Loi eſt dans une ſorte de déſuétude. Les Conſtitutions de Sardaigne veulent que le procès ſoit fait à ſa mémoire, & qu'il ſoit pendu au gibet.

En France, ſuivant les établiſſemens de S. Louis, ce délit emportoit confiſcation de meubles : l'Ordonnance de 1670 enjoint de faire le procès à la mémoire du défunt ; pluſieurs Arrêts ont ordonné que les cadavres d'homicides d'eux-mêmes ſeroient traînés ſur la claie, conduits à la voierie, & enſuite pendus par les pieds, avec confiſcation de biens.

Ni la Loi ni la Juriſprudence n'ont certainement eu pour objet de punir perſonnellement l'auteur de ce délit : car quelle peine infliger à un cadavre dénué de toute ſenſibilité ! La peine frappe par conſéquent contre la famille, contre les enfans du coupable qu'elle couvre de déshonneur, & qu'elle ruine en leur enlevant des biens que la Loi civile leur déféroit.

Le motif d'une condamnation pareille eſt fondé ſur cette préſomption, qu'un homme doit être détourné du projet de ſe donner la mort, par la crainte de déshonorer & de ruiner ſa famille.

Mais cette conſidération ne peut avoir l'efficacité qu'on lui ſuppoſe. Si celui qui veut ſe donner la mort n'aime pas ſes enfans, il ne ſera pas arrêté par la crainte de leur porter préjudice. S'il aime ſes enfans au contraire, il ne ſera point tenté de ſe donner la mort : car il les aimera en pere ; il les aimera comme une émanation de ſon être ; il confondra leur existence avec la sienne; il ne pourra les aimer sans lui, ni lui sans eux.

Ajoutons qu'il est injuste de vouloir ainsi répandre l'ignominie sur la famille d'un tel coupable. Cette famille doit-elle être punie, pour un délit qu'il n'a pas dépendu d'elle de prévoir ni d'empêcher ?

Ce n'est donc pas par de pareils moyens qu'on peut espérer de réprimer des crimes de ce genre. Quiconque ne craint point la mort est au-dessus de la Loi ; & lorsque la rigueur de la Loi est impuissante, c'est à la Religion de la suppléer par la douceur de la persuasion.

§. IV. *De l'Infanticide.*

La destruction du fruit de la fécondité de la part de l'animal qui l'a mis au jour, est sans exemple dans toutes les especes inférieures à l'homme, & régies par l'unique Loi de l'instinct. La lionne, devenue mere, n'a plus de férocité que pour défendre ses lionceaux contre tout être qui pourroit leur nuire. Il étoit donc réservé à la perversité humaine, de donner l'exemple d'un attentat contre la Loi universelle de la Nature, & supérieur à la férocité même. Ce crime ne seroit pas concevable, si nos penchans naturels n'étoient souvent contrariés par des regles de conduite, qui ont pour objet de les rectifier; car l'avantage & l'inconvénient sont presque toujours placés à côté l'un de l'autre, dans les institutions des hommes.

Une fille devenue mere par foiblesse, devient quelquefois cruelle par honneur. Elle supprime le fruit de sa foiblesse, pour ne point divulguer sa honte : les larmes que la Nature lui arrache, & qu'elle répand sur l'enfant qu'elle se croit forcée de détruire, n'excusent point son crime; elle mérite d'être punie de mort sans doute, si elle peut être convaincue de son forfait.

Mais sera-t-il permis d'infliger une peine aussi rigoureuse, sur une simple présomption ? Suivant l'Edit de Henri II, toute fille qui n'aura point fait déclaration de sa grossesse, qui n'aura point pris de témoins de son accouchement, & qui ne sera point en état de représenter son enfant ou de justifier qu'il a reçu le baptême, doit être, par cela seul, présumée avoir donné la mort à son enfant, & en conséquence condamnée à perdre la vie.

N'est-ce pas porter trop loin la rigueur & exposer les Magistrats, dépositaires du glaive, à commettre eux-mêmes un assassinat judiciaire ? Le supplice d'une fille en pareille circonstance excite toujours moins d'indignation que de pitié : car enfin la présomption, qui fait la base du jugement, n'exclut pas la possibilité du fait contraire. Cette fille a pu cacher sa grossesse & son accouchement pour l'intérêt unique de son honneur ; & son enfant a pu périr avant que de naître, ou dans l'instant auquel il a reçu le jour. Si cet enfant est mort de la sorte, faudra-t-il faire encore périr sa malheureuse mere, comme si elle étoit coupable de cette mort ? Ne conviendroit-il pas, en pareille circonstance, que le Ministere public ne pût requérir la peine, qu'en établissant que l'enfant étoit né vivant ? ou au-moins ne devroit-il pas être permis à la fille, pour sa justification, de prouver que l'enfant étoit né mort ?

En Danemarck, en Suede, en Angleterre, il existe des Loix contre l'infanticide, fondées ſur la même préſomption que celle de l'Edit de Henri II : mais la Loi Angloiſe a été modifiée par le Statut 21 de Jacques Ier, qui porte que ſi une mere a caché la mort de ſon enfant bâtard, elle doit prouver par un témoin, que cet enfant eſt mort-né, ſinon qu'elle ſera convaincue de meurtre.

Ne devrions-nous pas adopter cette modification ? & ſi un ſeul témoin dans nos principes ne ſuffit pas pour former une preuve, au-moins doit-il en réſulter une préſomption capable de balancer celle que l'Edit de Henri II fait réſulter du défaut de déclaration de la fille ; & dans l'incertitude que cette balance peut préſenter, le parti le plus digne de la Loi, n'eſt-il pas de la faire pencher du côté de l'humanité ?

Au ſurplus, ce crime eſt un de

ceux qu'il ſeroit plus important peut-être d'empêcher que de punir, ſoit en établiſſant dans toutes les Provinces des aſyles sûrs où la foibleſſe puiſſe ſe réfugier ſous la ſauvegarde du myſtere; ſoit en défendant rigoureuſement de faire le plus léger reproche à la fille devenue mere, qui, en pleurant ſur ſa faute, aura le courage d'allaiter & d'élever publiquement ſon enfant.

CHAPITRE VIII.

De quelques délits qui ſemblent exiger dans la peine des caracteres diſtinctifs.

L'OBJET de la Loi pénale, comme nous l'avons dit dans notre premiere Partie, n'eſt pas de faire ſouffrir le coupable, mais de faire une impreſſion profonde ſur la multitude. Plus un délit eſt atroce, & plus il convient d'étendre la terreur par l'appareil d'un ſupplice plus impoſant, & avec des caracteres qui le diſtinguent. Tels ſont les crimes de trahiſon privée ; tels ſont ceux de l'incendie, de l'empoiſonnement, du parricide, du régicide, & le crime de leſe-Majeſté divine.

§. Ier. *Du crime de trahiſon privée.*

Nous appellons ainſi le délit

du domeſtique qui tue ſon maître, l'attentat de la femme qui donne la mort à ſon mari, celui de l'Eccléſiaſtique qui aſſaſſine ſon Supérieur (1).

Plus les liens ſont étroits, plus les crimes ſont grands. Les coupables de pareils délits doivent être traînés ſur la claie, en ſpectacle au peuple, juſqu'au lieu du ſupplice ; les hommes rompus vifs, les femmes étranglées.

§. II. *De l'Incendiat ou du crime d'incendie.*

Le crime d'incendie en cumule pluſieurs. Non-ſeulement le coupable détruit, par ce forfait, la propriété de ſon ennemi ; mais il at-

---

(1) Ces délits ſont appellés, trahiſon privée, pour les diſtinguer de la trahiſon publique, qui eſt l'attentat contre la Puiſſance publique.

tente à sa vie & à celle des siens, qui peuvent être consumés par le feu : non-seulement il attaque une propriété particuliere ; mais même celle de tout un canton, sur lequel la dévastation peut s'étendre, par les progrès rapides de cet agent destructeur.

Il n'y a donc guere de crimes qui méritent d'être punis avec plus de rigueur & plus d'appareil que celui-ci. Nous n'avons pas cependant de Loi précise sur ce point. Les Arrêts le punissent par le supplice du feu ; il convient de conserver l'usage de cette peine, qui a une analogie parfaite avec la nature du crime, & le coupable doit être jetté vif dans les flammes.

§. III. *De l'empoisonnement.*

Donner la mort, en présentant des alimens reçus pour conserver la vie, c'est le crime de la perfidie la plus noire & la plus insigne. L'Edit de 1682 le punit de mort sans déterminer le genre de cette mort ; & dans l'usage, c'est la peine du feu que l'on inflige.

Mais ce délit étant de nature différente de celui de l'incendiat, il conviendroit de le punir par un supplice qui lui fût particulier ; car, pour que le supplice produise, sur la multitude, l'effet qu'on en doit attendre, il faut qu'il lui indique la nature du crime, & lui en rappelle toute l'atrocité. Voici donc de quelle maniere le crime de poison pourroit être puni.

Le coupable arrivé au lieu de l'exécution, & étant monté sur un échafaud, près duquel existeroit une grande chaudiere d'eau bouillante ; le Bourreau lui présenteroit une coupe dont il lui jetteroit la liqueur ſur la face, comme pour l'accabler de l'horreur de ſon forfait en lui en offrant l'image; & le renverſeroit enſuite dans la chaudiere d'eau bouillante (1).

§. IV. *Du Parricide.*

Il eſt des crimes tellement graves, qu'ils ne peuvent être produits que par l'excès même de la ſcélérateſſe. Cet excès de ſcélérateſſe n'exiſte pas ſans eſprit d'incrédulité, d'irréligion, & quelquefois même d'intrépidité. Un criminel de ce genre regarde une mort prompte comme une apoplexie momentanée, comme un paſſage rapide & ſans douleur de l'être au néant: c'eſt à ces coupables qu'il faut réſerver un châtiment plus rigoureux

---

(1) Le ſupplice de l'eau bouillante a lieu pour ce crime en Angleterre.

que la mort ; & ce ſeroit peut-être le ſeul frein par lequel on pourroit contenir les ames atroces capables de les imiter.

Donner la mort à ceux de qui nous tenons la vie ; à ceux qui ont élevé notre enfance ; à ceux auxquels nous devons les avantages dont nous jouiſſons dans la ſociété ; à ceux qui, par un ſentiment preſque univerſel, placent leur bonheur, leur plus grande ſatisfaction dans nous-mêmes : c'eſt fouler aux pieds toutes les Loix divines & humaines ; c'eſt ajouter la trahiſon à l'ingratitude, & l'atrocité à la trahiſon.

Solon n'avoit pas prononcé de peine contre le parricide, parce qu'il ne croyoit pas à la poſſibilité de ce crime. Les Perſes, ſuivant Hérodote, étoient dans la même opinion ; & malgré la poſſeſſion d'état d'enfant légitime, ils réputoient bâtard celui qui avoit tué son pere.

La Loi Romaine punissoit le parricide plus rigoureusement que tout autre meurtre. Le scélérat, après avoir été déchiré à coups de fouet, étoit renfermé dans un sac de cuir avec plusieurs animaux venimeux : mais la Loi Britannique, souvent trop indulgente, ne punit pas le parricide autrement que le simple meurtre.

Nous pensons au contraire que la peine due à cet attentat, doit être distinguée par un genre de supplice plus imposant pour la multitude, qu'une mort prompte.

Ce seroit de crever les yeux au parricide ; de l'enfermer dans une cage de fer, élevée de terre à une assez haute distance ; dans laquelle le coupable nu, à l'exception d'une ceinture formée de fer maillé, seroit nourri au pain & à l'eau jusqu'à la fin de ses jours ; & se montreroit ainsi, exposé à toutes les rigueurs des saisons, tantôt le front couvert de neige, tantôt calciné par un soleil brûlant.

C'est dans ce supplice énergique, présentant plutôt la prolongation d'une mort douloureuse que celle d'une vie pénible, qu'on pourroit vraiment reconnoître un scélérat dévoué à l'horreur de la nature entiere ; condamné à ne plus voir le ciel qu'il a outragé, à ne plus habiter la terre qu'il a souillée. Et quelle est l'ame atroce, qui, à la vue d'un spectacle ainsi perpétué, pourroit encore concevoir le projet monstrueux de donner la mort à celui ou à celle qui lui donna la vie?

§. V. *Du Régicide.*

Il n'y a point de crime qui ait

une plus grande analogie avec le parricide, que le régicide. Les Sociétés primitives durent leur existence au gouvernement paternel : tel est le principe qui régit encore aujourd'ui une Nation immense, dont l'origine se perd dans l'obscurité des siecles. L'Empereur des Chinois est le pere de l'Etat ; chaque Mandarin est le pere de la Province dont l'administration lui est confiée ; & chaque chef de famille, dans la Province, exerce sur les siens cette autorité tempérée & bienfaisante que le Chef de l'Etat exerce sur la Nation entiere. Il n'est pas permis de mettre à mort le dernier des Citoyens, que son procès n'ait été envoyé au Conseil de l'Empereur, & que l'Arrêt de mort n'ait été présenté par trois fois au Souverain pour le signer ; tant l'amour paternel répugne à priver de la vie, même l'enfant le plus coupable. Un parricide est-il commis ? le dueil est général dans l'Empire ; les Tribunaux sont fermés pendant plusieurs jours ; la Nation consternée croit voir, dans ce délit particulier, la rupture du lien de cette autorité paternelle, sur la foi de laquelle elle repose.

Dans un Gouvernement mitigé tel que le nôtre, nos Rois sont également les peres de leurs Peuples ; aucune Nation de la terre ne fut plus attachée à ses Souverains : un attentat contre la personne du Roi est donc, relativement à nous, un attentat commis contre le pere de la Patrie. Cet attentat est plus énorme encore que le parricide, puisqu'il prive des millions de Sujets de leur pere commun, & peut occasionner les révolutions & les conséquences les plus funestes. Nous proposerions de le punir par des peines plus séveres que celles que nous avons indiquées pour le parricide, si nous en connoissions.

§. VI. *Du crime de lese-Majesté divine.*

Honorons Dieu & ne le vengeons pas, a dit l'Auteur célebre de l'Esprit des Loix. Il faut interpréter ces paroles. Il n'appartient point aux hommes, à ces atômes confondus dans l'immensité des êtres, de s'ériger en vengeurs de la Divinité, ni de mesurer l'étendue des offenses qui lui sont faites. Celui qui tient dans ses mains le destin des Rois & des Peuples, fait répandre, quand il lui plaît, les récompenses & les châtimens par des voies qui nous sont inconnues. Mais la Religion tient à l'Etat, & le Souverain doit empêcher qu'elle ne ſoit troublée. Dieu punit l'impiété, mais le Souverain doit réprimer les troubles que cette impiété peut cauſer dans l'ordre ſocial.

Cependant un zele, trop indiſcrẹt dans ce genre, a dejà fait commettre bien des fautes.

Les magiciens & les ſorciers ont été long-temps punis comme ennemis de Dieu, parce qu'ils étoient, diſoit-on, les favoris du Diable. Au lieu de les brûler, il falloit les regarder comme des inſenſés ou des intrigans qui faiſoient des dupes; les vouer au ridicule ou au mépris public. L'erreur a été enfin reconnue.

Nous devons enviſager du même œil ces êtres illuminés, ces eſpeçes de prédicans, ces faiſeurs de miracles, qui tentent encore quelquefois de ſurprendre la crédulité publique. Le Peuple eſt naturellement ſuperſtitieux ; il mêle des idées religieuſes à ces preſtiges. Si vous puniſſez avec ſévérité leurs auteurs, la ſuperſtition produit alors le fanatiſme ; & le mal, en pareil cas, s'accroît toujours par la violence du remede.

L'héréſie a été miſe au rang des crimes de leſe-Majeſté divine : mais relativement à la Puiſſance publique, il faut diſtinguer deux choſes dans l'héréſie, la faction & l'opinion. La faction trouble l'Etat ; elle doit être réprimée par toutes les voies, dont un Souverain eſt à portée de faire uſage pour le maintien de ſa puiſſance. Quant à l'opinion paiſible, par la raiſon qu'elle eſt telle, elle ne trouble point l'Etat. Il ſeroit à deſirer cependant que tous les Sujets d'une même Puiſſance n'euſſent qu'une même Loi & qu'un même dogme ; cette uniformité ne pourroit que raffermir de plus en plus le lien social. Nous dirons, dans un autre temps peut-être, par quels degrés insensibles, & sans heurter de front la masse résistante de tous les intérêts actuels, on pourroit parvenir à cette uniformité de Loi. Quant à celle de Religion, il y a plus de difficultés. Enchaînerons-nous des hérétiques pour les traîner aux pieds de nos autels ? Dieu ne sera point honoré de leur culte, & nous scandaliserons nos freres. Les attirerons-nous par l'intérêt ? il peut faire des hypocrites, mais jamais de vrais croyans. Les effrayerons nous par des supplices ? la foi est un don du Ciel, & des Bourreaux ne sont pas les Ministres de Dieu. Ne pouvant les convertir, faudra-t-il les exterminer ? ah ! souvenir affreux ! la plaie faite à l'humanité dans le seizieme siecle, saigne encore. Combattons-les cependant, mais avec les ſeules armes que notre Religion ſainte a miſes dans nos mains; prouvons-leur la ſupériorité de notre dogme par celle de nos vertus ; & ſubjuguons leur incrédulité par l'aſcendant d'un grand exemple.

Les blaſphémateurs ſont criminels de leſe-Majeſté divine : mais que doit-on entendre par blaſphéme ? ce ne ſeront pas ſans doute ces juremens, qui ne préſentent aucun ſens, aucune intention d'offenſer Dieu; que le Peuple groſſier emploie quelquefois dans des mouvemens d'impatience, & pour leſquels néanmoins une Ordonnance de Philippe Auguſte de 1181 avoit condamné les Nobles à un amende, & les Roturiers à être noyés.

Le véritable blaſphémateur feroit celui qui vomiroit des exécrations contre Dieu, qui inſulteroit à ſa providence & à ses décrets ; ou qui, fermant les yeux sur les merveilles de la création , attribueroit au hasard aveugle, l'ouvrage de la suprême intelligence. Voilà le blasphême qu'il est important de punir , car un pareil crime attaque directement la Majesté de Dieu ; il tendroit d'ailleurs à enlever au vice, le seul frein qu'il puisse avoir dans le secret, la crainte des vengeances divines. Il tendroit à enlever , à la Justice humaine, la ressource de se décider par la religion du serment sur des faits qu'il lui importe de connoître, & qui ne peuvent être prouvés ni par témoins ni par écrit.

TROISIEME PARTIE.

De l'Instruction.

Nous avons déja annoncé qu'en France l'instruction sembloit préparée pour le succès de l'accusation, & en Angleterre pour la décharge de l'accusé; que la premiere étoit très-rigoureuse & de nature à compromettre les intérêts de l'innocence; que la seconde étoit très-douce, & qu'elle pouvoit exposer les intérêts de l'ordre social, par les facilités qu'elle présentoit pour échapper à la conviction des crimes qui le troublent. Nous allons donner les preuves de ces vérités.

Supposons que parmi nous un Citoyen ait un dangereux ennemi, capable de le vouloir perdre par l'accuſation calomnieuſe d'un crime capital, & voyons ſous ce premier point de vue dans quelle gêne affreuſe va ſe trouver cet innocent, d'après notre Ordonnance de 1670, Loi générale du Royaume; combien il éprouvera de difficultés pour établir ſa juſtification.

D'abord ſon ennemi le dénonce ſous le ſecret au Miniſtere public: il ne peut connoître ſon dénonciateur; il ne peut par conſéquent indiquer, ni demander à conſtater le principe de la vexation.

Le Miniſtere public n'ayant pas connoiſſance par lui-même des circonſtances du crime qui lui eſt dénoncé & des témoins qui ſont à portée d'en dépoſer, ne manque pas de produire ceux que le dénonciateur lui préſente; & ce dénonciateur ne préſente que des gens dont il croit être sûr; il dépoſe lui-même pour le ſuccès de ſa dénonciation ; notre Ordonnance criminelle ne le défend pas. Les témoins choiſis par le dénonciateur peuvent d'autant plus aiſément adopter ſes impreſſions, qu'ils ſont entendus dans le plus grand ſecret par un ſeul Juge en préſence de ſon Greffier, & ſans crainte d'être contredits : ce Juge unique peut être aiſément prévenu ou quelquefois corrompu, & ſa diſpoſition peut entraîner dès le premier pas la perte de l'accuſé.

Sur l'information, celui-ci eſt décrété, conduit en priſon avec ſcandale (1), mis aux fers, & quelquefois jetté dans un cachot affreux, où il eſt nourri au pain & à l'eau, & couché ſur la paille (2), ſans pouvoir communiquer avec qui que ce

(1) Art. 17 du tit. 10 de l'Ordonn. de 1670.
(2) Art. 25 du tit. 13.

ſoit par lettre ou autrement (1). Il eſt tiré du cachot pour ſubir ſon interrogatoire, ſans ſavoir un mot de ce dont on l'accuſe : il paroît ſeul, il lui eſt expreſſément défendu de ſe faire aſſiſter d'un conſeil (2) ; de ſorte que dans une ſituation capable d'effrayer l'innocence même, il faut qu'il ſe rappelle ſur-le-champ tout ce qui peut être relatif à l'accuſation que le Juge lui laiſſe entrevoir ; car il ne lui donne pas même lecture de la plainte. Ce Juge, qui connoît les informations, preſſe l'accuſé ſur les faits les plus importans qu'elles lui préſentent : d'accord avec la Loi qui le préſume coupable, il cherche à lui arracher l'aveu du crime qu'on lui impute : il lui fait des interrogations captieuſes ; il

(1) Art. 17 du tit. 13.

(2) Art. 8 du tit. 14.

ſuppoſe quelquefois prouvé par des dépoſitions concordantes, ce qui ne l'eſt point; il intimide ainſi l'accuſé, qui ſent croître à chaque inſtant ſon embarras. Cet interrogatoire même ſubi, il ne lui eſt pas permis de conférer avec qui que ce ſoit, ſi la pourſuite a pour objet un crime qui mérite la mort (1) : de ſorte que plus ſes dangers ſont grands, & moins la Loi lui donne de facilités pour ſe juſtifier.

Après le réglement à l'extraordinaire, on procede au récolement des témoins; il eſt rare que ces témoins récolés dans la même forme qu'ils ont dépoſé, changent rien à leurs dépoſitions.

A la formalité du récolement ſuccede celle de la confrontation. Les témoins, toujours dans le ſecret du

---

(1) Art. 9 du tit. 14.

Greffe, & vis-à-vis d'un feul Juge, font préfentés à l'accufé les uns après les autres. Jufqu'alors il n'a pas même fu leurs noms; il les voit en ce moment pour la premiere fois : c'eft dans ce premier moment, & avant qu'on lui donne lecture de leurs dépofitions, qu'il doit fournir fes reproches. Malheur à lui s'il ne fe rappelle pas, ou s'il ignore toutes les circonftances qui peuvent rendre ces témoins reprochables; après la lecture de leurs dépofitions, cette faculté lui eft interdite (1). La Loi regarde comme impofture, le reproche qui n'eft pas fourni dans le premier inftant.

L'accufé, dans les confrontations, n'a pas le droit d'interpeller lui-même les témoins pour combattre leur témoignage; il peut feulement

(1) Art. 19 du tit. 15.

requérir le Juge de les interpeller (1). L'Ordonnance laisse à l'arbitrage de ce Juge la confrontation : elle n'est ordonnée que si besoin est (2) ; & dans l'usage il ne confronte que les témoins qui lui paroissent les plus propres à faire réussir l'accusation : ceux qui ne chargent point l'accusé, & qui pourroient même s'expliquer à sa décharge, ne lui sont pas présentés. Les témoins qui le chargent sont avertis par la Loi de persister dans leurs dépositions, sous peine d'être punis comme faux témoins (3).

Pendant tout le cours de cette procédure, il n'est pas permis à l'accusé de prouver aucun fait tendant à sa justification ; ce n'est qu'après

---

(1) Art. 22 du tit. 15.
(2) Art. 1er du tit. 15.
(3) Art. 11 du tit. 15.

avoir épuisé les ressources pour accumuler les preuves, qu'on l'admet enfin à proposer ce que nous appellons ses faits justificatifs (1) : mais il ne peut les prendre que dans ses interrogatoires & confrontations (2), dont on lui refuse néanmoins toute communication. S'il ne se rappelle pas bien ce qu'il a dit, s'il n'a pas connu alors tous les faits relatifs à sa défense, ou s'il a omis de les opposer dans le trouble que comportoit sa situation ; cette ignorance, ce défaut de mémoire ou de présence d'esprit, peuvent lui coûter la vie.

L'accusé est-il assez heureux pour être admis à la preuve de ses faits justificatifs ? il faut qu'à l'instant où lecture lui est donnée du jugement

---

(1) Art. 1er du tit. 28.

(2) Art. 2 du tit. 28.

qui l'admet, il indique les témoins qu'il veut faire entendre (1); car on le traite toujours en coupable, auquel on fait grace en l'écoutant. S'il ne profite pas de ce premier moment, il est déchu sans retour; & si ses témoins ne sont pas en nombre suffisant, ou ne déposent pas de faits assez précis pour balancer les dépositions des témoins de l'accusateur, sa perte est consommée.

Telle est cette procédure, qui a déja excité bien des réclamations en faveur de l'humanité; qui a plus d'une fois occasionné des méprises fatales, & souvent compromis les intérêts de l'innocence (2).

---

(1) Art. 4 du tit. 28.

(2) Rendons hommage à la mémoire de M. le Président de Lamoignon. Si l'opinion de ce sage Magistrat l'avoit emporté dans les conférences tenues pour la rédaction de cette Loi, elle eût été beaucoup moins dure.

Apprécions maintenant la maniere dont l'inſtruction ſe fait en Angleterre ; nous verrons que nos voiſins, qui ne nous aiment pas, parce que nous les forçons à nous eſtimer, ont affecté de ne nous pas reſſembler en ce point comme en bien d'autres, & ont donné dans un défaut contraire ; en ce que leur inſtruction procure au coupable beaucoup de facilité pour échapper à la conviction & à la peine.

Lorſqu'une perſonne eſt accuſée en Angleterre (1), le Juge de Paix expédie un ordre pour la faire amener devant lui. Si, après l'avoir entendue, il juge ſur les réponſes & ſur les informations ſommaires par lui priſes, qu'il n'y a pas matiere

(1) Voyez le Commentaire ſur le Code criminel d'Angleterre par Blackſtone, traduit par M. l'Abbé Coyer.

à la ſoupçonner coupable, il la renvoie; s'il préſume le contraire, il laiſſe l'accuſé en liberté, en donnant par lui caution de comparoître quand il en ſera ſommé; à moins qu'il ne s'agiſſe d'un crime capital, auquel cas l'accuſé eſt envoyé en priſon.

Ainſi il dépend d'un ſeul homme de renvoyer l'accuſé ſans reſtriction, & d'après l'eſpece de preſſentiment qu'il ſe procure.

L'accuſé eſt-il empriſonné? c'eſt alors que l'inſtruction commence à recevoir une forme juridique. Il ſe tient dans chaque Comté une aſſemblée compoſée des perſonnages les plus importans du diſtrict, & que l'on nomme les grands Jurés : cette Aſſemblée décide ſi l'accuſation intentée contre un Citoyen de ſon territoire eſt recevable ou non; elle peut par conſéquent la rejetter dès le premier pas. Mais pour que l'accuſation

ſoit

ſoit admiſe, il faut le concours de douze ſuffrages abſolument unanimes.

L'accuſation reçue, le Préſident de l'Aſſemblée indique quarante-huit perſonnes du Comté, dans leſquelles on en choiſit douze pour former celle des petits Jurés ; ce ſont les pairs & les égaux de l'accuſé : ce ſont eux qui doivent décider le point de ſavoir ſi l'accuſé, leur égal, & qui peut devenir leur Juge à ſon tour, s'eſt rendu coupable ou non du délit qui lui eſt imputé.

Mais combien cet accuſé n'a-t-il point encore ici de reſſources pour obtenir que l'aſſemblée de Jurés, qui doit le juger, ſoit compoſée d'une maniere ſatisfaiſante pour lui. Sur les quarante-huit perſonnes indiquées, il peut d'abord en récuſer vingt ſans donner aucune raiſon de ſon refus, privilege que n'a pas le Roi même accuſateur. Il peut encore en récuſer d'autres pour des raiſons priſes dans la Loi.

Lorſque cette aſſemblée de Jurés eſt enfin formée, & qu'ils ont prêté ſerment au nombre de douze, l'accuſateur produit les preuves de ſon accuſation, & fait entendre ſes témoins publiquement en préſence de l'accuſé : ſi ce dernier s'avoue coupable, il eſt averti ſur-le-champ de rétracter cet aveu, & de plaider contre l'accuſation. Aſſiſté de ſon conſeil, il peut non-ſeulement reprocher les témoins de l'accuſateur, mais même leur faire telle interpellation qu'il juge à propos ; il peut à l'inſtant produire les ſiens, qui ſont auſſi publiquement entendus, pour balancer ou pour détruire les témoignages oppoſés. Ainſi, dès le premier pas, l'accuſation eſt connue, la procédure eſt toute publique ; l'accuſé eſt mis à portée de concerter ſa défenſe de la maniere la plus avantageuſe pour lui, & de parer les coups qu'on veut lui porter.

L'affaire diſcutée de la ſorte en préſence des Jurés & du Magiſtrat qui les préſide, ce dernier fait le réſumé des moyens reſpectifs; il établit la queſtion, les points de fait ſur leſquels les Jurés doivent donner leur opinion. Les Jurés ſe retirent enſuite dans une chambre voiſine, où ils reſtent quelquefois très-longtemps ſans prendre aucuns alimens, à moins que le Juge ne le leur permette. Ils ne ſe ſéparent que lorſqu'ils ſont parvenus à former une opinion unanime, s'il s'agit de condamnation capitale; car c'eſt de l'unanimité que la Loi la fait dépendre (1).

---

(1) Ici s'applique un trait qui mérite qu'on le rapporte.

Un habitant de Londres eſt aſſaſſiné la

On ſent aiſément combien il eſt difficile de parvenir à cette unanimité

---

nuit, ſortant d'une maiſon ; ſon corps nâge dans le ſang, & l'aſſaſſin a laiſſé près de lui l'arme qui a porté le coup mortel. Un homme paſſe de ce côté ; l'obſtacle qu'il trouve ſous ſes pieds le renverſe : il s'apperçoit qu'il eſt ſur un cadavre, à côté duquel il découvre une arme blanche ; il croit que ce canton eſt infeſté d'aſſaſſins, il ſe ſaiſit de l'arme pour ſe défendre s'il eſt attaqué, & s'enfuit. A quelques pas de-là, la Garde l'arrête, & bientôt découvre le cadavre. Il eſt dénoncé comme coupable de ce meurtre ; ſes Pairs s'aſſemblent pour le juger. Son habit teint de ſang, l'arme dont il a été trouvé ſaiſi à peu de diſtance du cadavre, l'état de la bleſſure qui ſe concilie avec la nature de l'arme, ſemblent porter la preuve au degré de la démonſtration. Tous, à l'exception d'un ſeul, ſont d'avis qu'il eſt coupable de meurtre. La réſiſtance de ce ſeul homme tient pendant long-temps l'Aſſemblée en ſuſpens ; il garde un morne ſilence. Preſſé par les reproches les plus vifs ſur l'abſurdité de cette réſiſtance, il de condamnation dans une assemblée composée des égaux de l'accusé, & qu'il a lui-même choisis dans un plus grand nombre.

Si les Jurés sont d'avis que l'accusé n'est point coupable, cette opinion fût-elle erronée, il est renvoyé sans pouvoir désormais être recherché pour le même crime, & le jugement est irrévocable ; si leur opinion le décide coupable, au contraire, le Juge déclare encourue la

---

s'écrie enfin : ... *Insensés ! vous sacrifiez un innocent, quand vous avez parmi vous le coupable ; c'est moi qui ai commis le meurtre, & vous voulez que je charge un autre de mon forfait ; si la vengeance a égaré mon bras, c'est à ma probité de vous éclairer lorsque vous vous égarez vous-mêmes*..... Toute l'Assemblée saisie d'étonnement & d'admiration embrassa l'assassin, demanda sa grace & l'obtint.... Ici la loi de l'unanimité sauva l'innocent ; mais combien de fois aussi n'a-t'elle pas sauvé le coupable !

peine portée par la Loi : mais si le jugement des Jurés est notoirement injuste, il est cassé sur poursuite, qui s'exerce au nom du Roi.

D'après les ménagemens recherchés dont on use en Angleterre vis-à-vis des accusés, & les ressources qu'une pareille instruction leur offre, on ne peut se dissimuler que le crime ne trouve, dans ces ressources, des facilités pour échapper à la peine.

Ainsi l'instruction criminelle en Angleterre est vicieuse, en ce qu'elle porte la déférence pour les droits de l'homme, au point de nuire aux intérêts de l'ordre social.

L'instruction criminelle parmi nous est également vicieuse, & par une raison contraire, en ce que par excès de zele pour les intérêts de la Société, elle compromet trop évidemment les droits de l'homme.

Nous l'avons déja dit, la perfection de la Loi dans cette matiore consiste à établir un parfait équilibre entre les égards dus à l'homme & la protection due à la Société.

Ne seroit-il donc pas possible, pour opérer cet équilibre, de modérer ces deux genres d'instruction l'un par l'autre; de trouver un milieu juste & raisonnable, au moyen duquel, sans adopter de notre part, des usages non-conciliables avec la forme de notre Gouvernement, nous tempérerions la rigueur de notre instruction, en assurant la justification de l'innocence, sans nuire à la conviction du crime?

Tel sera l'objet des réflexions que nous allons faire sur les principaux actes de notre procédure extraordinaire.

CHAPITRE PREMIER.

De la Dénonciation & de la Plainte.

C'EST une ſublime inſtitution qui manquoit à la Légiſlation Romaine, que celle d'un miniſtere chargé de pourſuivre, au nom de l'Etat, la réparation des torts faits à l'ordre ſocial. Le Magiſtrat qui exerce cet important miniſtere peut agir ſeul, quand il exiſte un corps de délit, dont la ſureté publique exige qu'on découvre & qu'on puniſſe l'auteur.

Quelquefois auſſi ſon miniſtere eſt provoqué par des dénonciations qui lui ſont faites. Il faut en diſtinguer de deux ſortes : les unes faites par les perſonnes qui ont ſouffert du délit qu'elles lui dénoncent ; les autres par des gens auxquels le délit dénoncé n'a fait perſonnellement aucun tort.

Quant à la premiere eſpece de dénonciation, il exiſte un uſage abuſif dans quelques-uns de nos Tribunaux. La partie qui ſe prétend léſée, fait une déclaration chez un Commiſſaire, qui contient l'énonciation du délit; elle porte au Greffe une expédition de cette déclaration, ſur laquelle elle obtient un réquiſitoire du miniſtere public contenant plainte, & ſur ce réquiſitoire, permiſſion d'informer. Ce détour a communément deux objets; l'un de s'affranchir, par la partie provoquante, des frais de l'inſtruction, & de les faire tomber ſur le domaine du Roi; l'autre de ſe faire entendre comme témoin pour appuyer ſa dénonciation clandeſtine.

Ce procédé n'eſt pas loyal; il tend à compromettre l'accuſé. Si la partie n'eſt point perſonnellement en état de fournir aux frais de l'inſtruction, qu'elle le déclare dans ſa dénonciation même; la pourſuite n'en doit pas moins être faite, ſi ce n'eſt à ſa requête, du moins à celle du miniſtere public, quand le délit eſt un de ceux qu'il importe à l'ordre ſocial de réprimer. Que la dénonciation dans ce cas ſoit jointe à la plainte, mais que celui qui a fait une dénonciation de ce genre ne ſoit point admis à dépoſer comme témoin; car quoiqu'il ne ſoit point en nom dans la pourſuite, il eſt véritablement accuſateur. Il n'a accuſé que pour venir demander dans l'inſtruction ſes réparations civiles: or il eſt contre toute regle qu'un accuſateur intéreſſé comme il l'eſt au ſuccès de ſon accuſation, ſoit admis à la juſtifier par ſon témoignage.

Quant aux dénonciations faites par

les personnes qui n'ont pas personnellement souffert du délit qu'elles déferent, comme si un homme prétend avoir vu tel ou tel individu assassiner telle ou telle personne; de pareilles dénonciations ne sont favorables qu'autant qu'elles ont véritablement le bien public & la sûreté du corps social pour objet: mais on a vu quelquefois la haine & l'esprit de vengeance se masquer sous les dehors empruntés de ce zele pour le bien public.

La Justice ne doit pas être sans quelque défiance sur une dénonciation pareille; le ministere public qui la reçoit doit la faire signer par le dénonciateur, suivant l'art. 6 du tit. 3 de l'Ordonnance de 1670. Le dénonciateur sera entendu comme témoin dans l'instruction, puisqu'il s'est annoncé comme partie désintéressée, qu'il est possible qu'il le soit réellement, & qu'il peut procurer dans ce cas des lumières importantes à la Justice. Cependant sa déposition ne doit pas avoir la même force que celle d'un autre témoin ; & s'il n'y avoit que deux témoins, le dénonciateur compris, qui déposassent avoir vu commettre le crime par l'accusé, il faudroit alors regarder la preuve comme insuffisante pour opérer sa condamnation. Notre code pénal ne s'explique point sur ces objets, qui ont néanmoins de l'importance.

CHAPITRE II.

De l'Information.

L'INFORMATION consiste dans l'audition des témoins présentés par l'accusateur. C'est d'après le langage de ces témoins, que les Juges absolvent ou condamnent. On ne peut donc apporter trop de précautions pour l'exactitude d'un pareil acte.

Cependant avec quelle légéreté souvent on y procede ! des témoins déposent dans le secret d'un Greffe ou d'un cabinet, en présence d'un seul Juge; ils apportent même quelquefois leurs dépositions par écrit.

Conservons de nos usages ce qui peut être utile, mais réprimons les abus. Nous sommes loin d'adopter l'opinion des Jurisconsultes Anglois sur la publicité de l'instruction dès les premiers pas. Le ſecret doit être obſervé tant que les preuves ne ſont point encore aſſiſes : car ſi l'accuſation & la procédure devenoient publiques au premier inſtant, l'accuſé qui en ſeroit inſtruit, ſoit par lui, ſoit par les ſiens, pourroit dérober quelquefois les traces de ſon crime, & rendre la recherche infructueuſe.

Mais il faut que ces témoins qui dépoſent en ſecret dans l'information, ſachent que le moment viendra où, dans une audience publique à laquelle ils ſeront forcés de comparoître, on lira devant eux leurs dépoſitions, où ils pourront être reprochés publiquement par l'accuſé s'ils ſont vraiment reprochables, & où ils ſeront obligés de répondre à ſes interpellations : alors ils dépoſeront comme s'ils étoient déja contenus par le reſpect & la décence publics ; les intrigues d'une partie civile ou d'un dénonciateur ſecret auront moins de priſe ſur eux, parce qu'ils craindront davantage de ſe compromettre.

Nous croyons encore qu'il ne ſuffit pas, pour aſſurer la régularité d'une procédure auſſi importante, que les témoins ſoient entendus par un ſeul Juge. La tentative de la ſéduction peut quelquefois réuſſir vis-à-vis d'un ſeul homme, exerçant en vertu d'un office modique, ou d'une ſimple commiſſion, & ſouvent peu favoriſé de la fortune (1). Rappellons-nous que la Loi ne donne aux Préſidiaux la faculté de ſtatuer ſouverainement qu'avec le concours de ſept Juges,

---

(1) En Sardaigne, lorſque le Juge reçoit les dépoſitions des témoins, & lors même qu'il interroge l'accuſé, il eſt aſſiſté du Procureur ou de l'Avocat du Fiſc, qui ſigne ces actes avec le Juge. *Voy. art.* 1, *tit.* 4, *liv.* 4 *des Conſtitut. de* 1770.

même fur l'objet d'intérêt le plus léger ; comment donc a-t-elle pu vouloir confier à un feul Juge une inftruction d'où dépendent l'honneur, l'état & la vie des Citoyens? car enfin, n'eft-ce pas cette inftruction qui forme la bafe des jugemens dans tous nos Tribunaux?

Nous propoferons donc le concours de trois Officiers, ou d'un Juge & de deux Gradués, pour recevoir les dépofitions des témoins. Si les Seigneurs qui font exercer la juftice dans leurs terres, trouvoient qu'il fût difficile de remplir cette formalité par la difette de fujets capables, leur Juge pourroit appeller deux Gradués des environs. C'eft à eux d'ailleurs de prendre les précautions néceffaires pour que leur Jurifdiction foit fuffifamment pourvue d'Officiers : le droit de Juftice, ce droit qui forme effentiellement partie de la Puiſſance publique, deviendroit fatal à l'humanité, ſi, placé dans des mains étrangeres à cette puiſſance, il étoit exercé de maniere à compromettre l'honneur & la vie des hommes.

CHAPITRE LII.

Des Décrets.

Le décret est l'acte décerné par le Juge contre celui sur lequel portent les charges contenues en l'information. C'est cet acte qui rend l'accusé partie dans l'instruction, en le constituant défendeur à la poursuite. Nous en distinguons de trois sortes : le decret d'assigné pour être ouï, qui se décerne en matiere légere ; celui d'ajournement personnel, en matiere plus grave ; & celui de prise-de-corps, quand le crime qui forme l'objet de l'accusation mérite une peine afflictive ou infamante.

A l'égard du décret d'assigné pour être ouï, il n'a d'autre objet que d'obliger l'accusé à comparoître devant le Juge, pour répondre aux interpellations qui lui feront faites ; il ne porte aucune atteinte à fon état.

Il n'en eft pas de même du décret d'ajournement perfonnel ; dans nos ufages il emporte de droit, interdiction de toute fonction publique. Pourquoi cette rigueur exceffive ? pourquoi préjuger un Officier public coupable, auffi-tôt pour ainfi dire qu'il eft accufé ? Si l'information déja faite contient quelques charges apparentes, doit-on le priver des fonctions de fon état, & le condamner ainfi au déshonneur, quand peut-être, par fes réponfes & par fa défenfe, il lui fera facile de détruire ces charges & de prouver la calomnie ? Ne perdons jamais de vue ce principe auffi précieux à la Juftice qu'à l'humanité ; le danger de flétrir un innocent ne peut être mis en balance avec celui de l'indulgence vis-à-vis d'un accusé non convaincu : en l'admettant à se défendre, nous supposons la possibilité qu'il ne soit pas coupable ; si nous supposons cette possibilité, pourquoi commençons-nous par le flétrir ?

Quant au décret de prise-de-corps, on le décerne assez légérement dans nos usages contre un accusé non domicilié, quand bien même le délit n'emporteroit que des condamnations pécuniaires, parce qu'on craint qu'il ne se dérobe à la poursuite ; & c'est dans cet esprit qu'il est dit par l'Ordonnance, que les décrets seront plus ou moins rigoureux, suivant les qualités des personnes & des crimes.

Mais au lieu de donner à un accusé, dans ce cas, l'humiliation d'un emprisonnement, nous pourrions admettre sans aucun risque l'usage établi en Angleterre, de le laisser en liberté, en donnant caution pour la sûreté des condamnations pécuniaires qui peuvent intervenir contre lui.

A l'égard du décret de prise-de-corps contre les domiciliés, l'Ordonnance, a sagement établi qu'il ne devoit être décerné que dans le cas où le délit mériteroit d'être puni par des peines afflictives ou infamantes. La rigueur, dans ce cas, est justifiée par la nécessité dans laquelle se trouve la Justice de prévenir la fuite de l'accusé : ce n'est pas préjuger qu'il est coupable ; c'est prendre une précaution nécessaire dans la possibilité qu'il le soit. Mais pourquoi l'Ordonnance détruit-elle en quelque sorte la pureté de ce principe, en condamnant les ménagemens avec lesquels quelques accusés alors étoient conduits dans les prisons ? *Défendons*, porte l'article 17 du titre 10, *à tous Juges, même des Officialités, d'ordonner qu'aucune Partie soit amenée sans scandale.*

CHAPITRE IV.

De la Prison.

Si, comme on vient de l'obſerver, la priſon dans le cas du décret, n'eſt qu'un lieu de dépôt néceſſaire pour l'accuſé d'un crime grave, mais qui peut être innocent, pourquoi faire de cette priſon un lieu de peine & de ſupplice ? Prenons des précautions ſages pour que les accuſés y ſoient en ſûreté, pour qu'ils ne puiſſent même communiquer avec qui que ce ſoit, auparavant leur interrogatoire, dans des circonſtances où la gravité de l'accuſation ſemble exiger ce ſecret. Mais pourquoi les précipiter dans le fond d'un cachot les fers aux pieds, & défendre aux Guichetiers de les en tirer ſans ordonnance du Juge, ſuivant l'art. 18 du tit. 13 ? Pourquoi, ſuivant l'art. 25 du même titre, ne preſcrire pour leur nourriture que du pain & de l'eau, & de la paille pour les coucher ?

Les peines qui résultent d'un traitement pareil ſont tyranniques ſous deux rapports : 1°. parce qu'il n'eſt point encore établi que l'accuſé mérite de ſubir aucune peine ; 2°. parce que ces ſortes de peines ſont ſecretes, & par conſéquent perdues pour le Public ; & que s'il eſt permis de faire ſouffrir un coupable, ce n'eſt qu'autant que ſes ſouffrances peuvent faire ſur la multitude cette impreſſion mêlée de l'horreur du crime & de la crainte de ſon châtiment.

Le Légiſlateur vient de jeter un regard de commiſération ſur ces aſyles infects, où l'homme eſt puni avant que d'être jugé, où l'innocent endure les tourmens dus au coupable ;

pable, & les réformes qu'il prescrit semblent en annoncer de plus importantes encore.

Plus ces asyles peuvent recéler de criminels, & plus le ministere de la Religion devroit y être exercé d'une maniere imposante. Il conviendroit qu'il y eût des exhortations faites deux ou trois fois la semaine aux Prisonniers assemblés, par un Ministre éclairé réunissant le zele au talent, amollissant les cœurs durs & pervers, les forçant au repentir, & donnant des consolations à l'innocence malheureusement soupçonnée.

CHAPITRE V.

De l'Interrogatoire.

APRÈS l'emprisonnement d'un accusé, le Juge lui fait subir interrogatoire. Plusieurs choses sont à remarquer ici.

1°. Dans l'usage, l'accusé, à qui l'òn signifie son décret de prise-de-corps, au moment où on le prive de sa liberté, n'est point instruit par le décret de l'objet de l'accusation. Qu'on juge de l'embarras où il se trouve pour répondre, sans être prévenu sur rien, à toutes les questions que le Juge lui fait. L'innocent lui-même, dans une position pareille, ne peut-il pas avoir l'air d'un coupable? Par quel effort de mémoire pourroit-il en effet avoir tout-à-coup présentes à l'esprit toutes les époques, toutes les circonstances qui sont relatives aux interpellations du Juge? ce dernier ne lui donne pas même lecture de la plainte; de sorte que l'accusé, flottant & incertain sur le point essentiel de la recherche, est quelquefois lui-même hors d'état de savoir si ce qu'il dit, lui est avantageux ou contraire.

L'humanité semble exiger au-moins que le décret, signifié à l'accusé à l'instant de son emprisonnement, contienne les causes de l'accusation, afin que son attention puisse se recueillir sur ces causes auparavant son interrogatoire. Cet acte d'humanité ne compromet pas l'exacte justice; puisque l'accusé, tenu en secret jusqu'à ce qu'il ait subi son interrogatoire, ne peut rien communiquer à ses agens ou conseils du peu de lumieres qu'on lui donne, ni rien faire exécuter de contraire à la recherche du crime qui lui est imputé. Avant que de l'interroger, il faut encore lui donner lecture entiere de la plainte, car c'est sur les faits de cette plainte qu'il doit répondre ; & la Justice, certainement, ne doit pas avoir pour objet de le surprendre.

2°. On commence par faire prêter serment à l'accusé : mais a-t-on assez sérieusement reflechi sur les inconvéniens de cet usage ? Si l'accusé est coupable, n'est-ce pas exiger de lui un parjure ? car il est plus que probable que, pour se soustraire à la peine, il mentira à la Justice. Pourquoi le forcer, en quelque sorte, à ajouter ce crime à ceux pour lesquels ils est poursuivi ?

Ne seroit-il pas plus convenable de lui demander s'il veut ou non prêter serment ? S'il est innocent, il ne manquera pas de l'offrir lui-même avec la plus grande confiance pour appuyer ses assertions ; s'il est coupable, il pourra le prêter, voulant paroître innocent. Mais enfin le Juge, dans ce cas, n'aura point à se reprocher de l'avoir contraint à devenir plus coupable encore par un parjure (1).

3°. La maniere dont un Juge se permet d'interroger un accusé est souvent insidieuse ; il ne prend que trop aisément l'esprit d'une Loi très-rigoureuse, qui présume le crime sur

(1) Suivant les Constitutions de Sardaigne, l'accusé n'est point tenu de prêter serment sur les faits qui lui sont personnels, mais seulement sur le fait d'autrui. Art. 8 du tit. 11, liv. 4. Mais le Code de l'Inquisition oblige l'accusé à jurer qu'il va dire la vérité, sur les faits qui lui sont personnels : malheureusement il existe plus d'un rapport entre notre procédure & celle des Inquisiteurs.

l'accusation même. Pour arracher de l'accusé l'aveu du délit qu'on lui impute, il lui présente quelquefois, comme prouvé, ce qui ne l'est pas : mais il est au-dessous de la dignité du Juge de se permettre le plus léger mensonge, même pour parvenir à la découverte d'une importante vérité. Le Juge, qui interroge, doit adopter le doute méthodique d'un de nos plus grands Philosophes (1) ; il doit se dire à lui-même : *Cet homme peut être innocent comme il peut être coupable ; mon ministere se borne à la recherche de l'exacte verité* (2).

4°. Dans nos usages, un seul Juge fait cet interrogatoire, assisté

---

(1) Descartes.

(1) Ce ne sont pas là, à la vérité, les maximes des Inquisiteurs, qui emploient la ruse & le mensonge pour arracher un aveu de l'accusé. Voy. *Directorium Inquisitorum*, par Nicolas Eymeric, IIIe. Partie.

de ſon Greffier, de même qu'il procede ſeul à l'audition des témoins. Les mêmes raiſons, que nous avons préſentées ſur l'objet de l'information, s'appliquent ici. L'interrogatoire, qu'on fait ſubir à un accuſé, eſt un acte de la plus grande importance pour ſon honneur, ſon état, & ſouvent pour ſa vie. Seroit-ce donc trop exiger, que d'ordonner qu'un pareil acte ſoit fait, par le Juge, en préſence de deux Officiers du Siege, ou de deux Gradués, pour mieux aſſurer la régularité de la rédaction ? car, indépendamment des autres inconvéniens, il eſt, dans l'expreſſion, des nuances quelquefois imperceptibles pour un accuſé qui ſait mal ſa langue, & qui néanmoins pourroient être de la plus grande importance pour ou contre lui (1).

---

(1) Les Conſtitutions de Sardaigne, pour

5°. L'Ordonnance veut que l'accusé réponde sans assistance d'aucun conseil : cette disposition doit être conservée. Le Juge devant présenter chaque fait avec simplicité, il n'est en quelque sorte question que de répondre par oui ou par non ; & quand il ne faut qu'être vrai, celui que l'on interroge ainsi, n'a nul besoin de conseil pour convenir ou disconvenir d'un fait qui lui est ou non personnel. Mais cet interrogatoire une fois subi, les choses doivent changer de face, & l'instruction doit recevoir une autre forme : c'est ce qu'on va voir dans le Chapitre suivant.

---

prévenir les moindres altérations, veulent que les réponses de l'accusé soient rédigées à la premiere personne, & telles qu'elles sont rendues pour lui. Par exemple : *Je nie que*... *Je conviens que*.... Art. 10, tit. 11, liv. 4.

CHAPITRE VI.

De la Civilisation & du Réglement à l'extraordinaire.

APRÈS l'information & l'interrogatoire, le Juge est à portée de voir si, par la nature des charges & par celle du délit, la contestation est dans le cas d'être civilisée; ou s'il faut, au contraire, ajouter à l'instruction déjà faite, ce critere également utile à la conviction du crime & à la justification de l'innocence, cette épreuve rigoureuse que l'on appelle confrontation.

Il faut ordonner la continuation de la procédure extraordinaire, toutes les fois que le chef d'accusation, en supposant que les preuves se soutiennent, doit opérer la peine de mort, ou au-moins une peine vraiment afflictive ; & les peines vraiment afflictives, d'après le plan que nous avons tracé, sont 1°. la prison pour plusieurs années ou à perpétuité ; 2°. l'interdiction pénale contre un Citoyen, celle contre un Juge même pour un temps, celle contre un Officier subalterne à perpétuité ; 3°. la déportation dans les Colonies, soit à temps, soit à perpétuité ; 4°. les amendes équivalentes au quart des biens des accusés ; 5°. la condamnatlon aux travaux publics, soit à temps, soit à perpétuité ; 6°. la dégradation de Noblesse, l'incapacité prononcée de servir le Roi & l'Etat dans aucuns emplois ou offices.

Si le délit est de nature à devoir être puni par des peines plus légeres, le Juge pourra civiliser l'affaire en renvoyant les parties à l'audience, & en ordonnant la conversion des informations en enquêtes : alors l'accusé, auquel les informations seront communiquées, pourra, si bon lui semble, reprocher les témoins reprochables, & demander à faire preuves contraires aux faits contenus dans la plainte; il aura par conséquent toutes facilités pour sa défense.

Mais si le délit est assez grave pour que l'affaire mérite d'être suivie à l'extraordinaire, sera-ce une raison pour les lui refuser? La Loi ne lui mettra-t elle les armes à la main, que quand il sera question de défendre un intérêt léger? lui liera-t-elle les mains au contraire, quand il s'agira de défendre son honneur & sa vie?

Jusqu'au réglement à l'extraordinaire, la procédure a été faite dans le plus grand secret : l'accusateur a eu tout le temps d'asseoir ses preuves autant qu'elles ont pu l'être; & l'accusé, tenu dans les liens les plus étroits, ſans communication, ſans conſeil, n'a pu dérober la marche de ſon crime, s'il eſt vraiment coupable.

Mais après avoir permis à l'accuſateur d'employer toutes les reſſources dont il pouvoit avoir beſoin pour juſtifier ſon accuſation, il faut donner à l'accuſé toutes les facilités néceſſaires pour juſtifier ſon innocence, s'il n'eſt pas coupable. Ce n'eſt qu'ainſi qu'on peut tenir dans une ſorte d'équilibre la protection due à l'intérêt ſocial dont on s'eſt occupé d'abord, & les égards dus à l'homme qu'on doit craindre de compromettre.

A partir de ce moment, il convient donc que l'inſtruction devienne publique, & que ces témoins obſcurément conduits par l'accuſateur dans le prétoire, viennent en pleine audience confirmer, modifier ou rétracter leur témoignage. L'inſtruction devenant chargée par une multitude de dépositions qu'il faut interpréter, apprécier & combattre, c'est alors qu'il doit être permis à l'accusé de se faire assister d'un conseil, pour ne rien négliger dans une défense aussi importante (1).

Ainsi, le jugement qui contien tiendra le réglement à l'extraordinaire, doit ordonner qu'il sera donné copie à l'accusé de la plainte & des noms & qualités des témoins qui ont déposé, pour en venir à une audience prochaine avec l'accusé, assisté de son conseil, s'il juge à propos, & pour être par lui reprochés si bon lui semble, récolés dans leurs dépositions & confrontés avec lui.

Observons que le délai fixé pour

---

(1) Les Constitutions de Sardaigne donnent à l'accusé un conseil après qu'il a subi son interrogatoire; mais l'instruction demeure toujours secrette pour le Public.

cetto épreuve doit être au-moins de quelques jours à partir de la ſignification faite à l'accuſé des noms & qualités des témoins, afin qu'il puiſſe ſe faire inſtruire des raiſons pour leſquelles ils ſeroient reprochables. L'ordonnance exige (1) que l'accuſé qui ignore tout juſqu'au moment de la confrontation, & à qui les témoins ſont préſentés alors pour la premiere fois, fourniſſe néanmoins ſes reproches ſur-le-champ, ſinon qu'il en ſoit déchu; mais n'eſt-ce pas vouloir en quelque ſorte le réduire à l'impoſſible? & ne diroit-on pas qu'il importe peu que les témoins ſoient reprochables, pourvu que l'accuſé ſoit condamné?

---

(1) Art. 16 du tit. 15.

CHAPITRE VII.

Des Reproches, Récolemens & Confrontations.

DANS l'usage, le récolement se fait séparément de la confrontation, & les reproches ne sont fournis par l'accusé qu'après le récolement. Nous proposons ici, pour simplifier les opérations, de reprocher le témoin, de le récoler & de le confronter par un même acte & dans une même séance.

Au jour indiqué par le réglement à l'extraordinaire, les témoins se présenteront à l'audience publique vis-à-vis de l'accusé, de la partie civile s'il y en a, & du ministere public, pour être reprochés s'il y a lieu, récolés & confrontés.

C'eſt dans cette importante épreuve que la vérité doit ſe montrer avec éclat. Un plaignant, qui accuſe en face de ſes Concitoyens ; des témoins, qui comparoiſſent devant eux dans les Tribunaux pour confirmer leurs dépoſitions, ou les modifier, ſemblent y porter leur conſcience à découvert ; l'attention publique pèſe ſur elle, pour ainſi dire ; la vérité eſt comme forcée de ſortir de leur bouche. Si ces témoins ont des liaiſons ſuſpectes avec l'accuſateur, ils ſavent qu'ils vont être reprochés ſur-le-champ : s'ils pouvoient être capables d'imputations calomnieuſes, ils ſavent que l'accuſé va les réfuter avec cette confiance qui accompagne la bonne foi ; & que, ſi le reſpect public donne des entraves à l'impoſture, il donne une ſorte d'énergie à l'innocence.

Voici donc de quelle maniere il paroît utile de procéder. Les témoins seront appellés dans l'ordre suivant lequel ils auront été entendus lors de l'information; le Greffier donnera lecture publique de la dénonciation, s'il y en a eu de régulieremenr faite, de la plainte & de l'interrogatoire. Ensuite, & après la lecture des noms & qualités du premier témoin, le Juge demandera à l'accusé s'il a des reproches à fournir contre lui; le procès-verbal, dicté par le Juge, toujours assisté de deux autres Officiers, contiendra la réponse de l'accusé, ainsi que les reproches qu'il lui plaira de proposer contre le témoin, s'il en a.

Après ces reproches, il sera donné lecture de la déposition de ce témoin, & le Juge lui demandera s'il y persiste, s'il entend y ajouter ou diminuer.

Remarquons ici que, ſi le témoin ſe rétractoit en alléguant une excuſe raiſonnable de ſon erreur, il ne faudroit pas le pourſuivre comme faux témoin; cette rigueur ſeroit plus fatale à l'accuſé qu'au témoin peut-être, puiſqu'elle feroit à celui-ci une ſorte de néceſſité de perdre l'accuſé en perſiſtant dans une dépoſition fauſſe, pour éviter de ſe perdre lui-même.

Si le témoin perſiſte dans ſa dépoſition, l'accuſé, aſſiſté de ſon conſeil, ſera le maître de lui faire ſur cette dépoſition telles interpellations qu'il jugera néceſſaires, auxquelles interpellations le témoin répondra ce qu'il croira convenable; & le procès-verbal contiendra tous ces faits, interpellations & réponſes.

La rédaction de ces opérations ayant été lue pour conſtater ſa régularité, elle ſera ſignée par l'accuſé &

par le témoin s'ils ſavent ſigner, & par les Juges qui procéderont à cette opération.

Il ſera procédé de la ſorte vis-à-vis de chaque témoin, en pluſieurs ſéances, ſi le nombre des témoins & la nature de l'affaire ne permettent pas de remplir ces formalités dans une ſeule.

Les témoins qui n'auroient pas chargé l'accuſé dans l'information, ſeront pareillement tenus de comparoître, parce qu'il ſeroit poſſible que, dans cette épreuve contradictoire & publique, ils ajoutaſſent à leur dépoſition des faits qui tendiſſent à la charge ou à la décharge de l'accuſé.

Dans cette eſpece de lutte, nous avons l'attention de ne donner aux combattans que des armes égales. Si les témoins ne ſont pas prévenus ſur les interpellations que l'accufé peut leur faire, l'accufé ne l'eft point non-plus fur leurs dépofitions, qu'il entend pour la premiere fois lors de cette épreuve; & en tenant ainfi la balance en équilibre entre l'accufateur, fes témoins & l'accufé, c'eft à la vérité feule qu'il appartient de la faire pencher.

Cette épreuve publique faite d'une maniere franche, noble & impofante, fuffira certainement pour procurer l'évidence dans la plupart des pourfuites de ce genre; & fi l'accufé, comme il arrive fouvent, n'a pas de témoins à faire entendre, le miniftere public pourra donner fes conclufions dans la féance où cette épreuve fera terminée, & les Juges mêmes feront à portée de prononcer leur fentence.

Mais il eft quelques affaires telle»

ment compliquées, qu'elles exigent une inſtruction plus ample, ſoit relativement à l'incertitude & à la nature des preuves que l'accuſateur peut réunir contre l'accuſé, ſoit relativement aux faits juſtificatifs de l'accuſé contre l'accuſateur : de-là quelques réflexions à propoſer ſur ces preuves & ſur ces faits.

CHAPITRE VIII.

Des Preuves & Indices.

UN accusé doit être absous, s'il n'existe point de preuves contre lui; son innocence est présumée par cela seul: il n'est pas obligé de prouver qu'il n'a point donné la mort à cet homme dont l'assassinat forme l'objet de la poursuite; il suffit qu'aucun témoin ne le charge de ce crime. Gardons-nous de porter atteinte à des maximes pareilles; ce seroit violer les droits les plus saints de l'humanité.

Deux témoins unanimes & irréprochables suivant nos regles (1),

(1) Nous ne nous occuperons point ici des circonstances qui rendent les témoins reprochables; nos Criminalistes présentent

qui dépoſeroient avoir vu l'accuſé commettre l'attentat , ſuffiroient pour le conduire au dernier ſupplice. Voilà nos principes ; il faut bien les admettre , à moins que la crainte d'être trompés par ce témoignage , ne l'emporte ſur celle de tous les déſordres que pourroit entraîner l'impunité des crimes. Gémiſſons ſur les bornes de la ſageſſe humaine ; elle marche entre des écueils , & le plus dangereux eſt celui qu'elle doit éviter.

La confeſſion de l'accuſé ne pourra former de preuve s'il, n'exiſte aucun témoignage contre lui ; l'intérêt qui nous attache à la vie eſt ſi naturel & ſi général, que nous ſommes en quelque ſorte fondés à regarder comme inſenſé celui qui , n'ayant

---

ſur cette matiere des prin ipes trè -ſages, & nous n'écrivons pas pour faire un volume,

aucune eſpece de preuve à craindre, s'avoueroit coupable d'un crime aſſez grave pour devoir être puni par la mort. De-là cette maxime : *Non auditur perire volens*. Mais il n'en doit pas être de même ſans doute, quand la confeſſion de l'accuſé ſe trouve jointe à la dépoſition préciſe d'un témoin non-ſuſpect ; car, ſi la crainte de la peine ſemble faire à l'accuſé une néceſſité de la dénégation, il faut convenir néanmoins qu'il eſt des circonſtances où la vérité a un grand empire, ſur-tout quand elle eſt préſentée à l'accuſé par un témoin qui ſoutient, avec fermeté, lui avoir vu commettre l'attentat.

Quant aux indices qui viennent quelquefois à l'appui de la preuve, ou par leſquels on cherche à la ſuppléer, il n'eſt pas poſſible d'aſſigner des regles ſixes. La preuve ſuppoſe l'impoſſibillité qu'un autre que l'accuſé

cusé soit coupable du délit ; l'indice présente seulement la probabilité que l'accusé en est coupable. Pour que la Justice pût condamner sur des indices, il faudroit donc que les probabilités qu'ils présenteroient, fussent tellement accumulées, & offrissent un faisceau de lumieres assez considérable pour équivaloir à l'évidence de la preuve ; il faudroit que le concours de ces indices multipliés opérât ce que nous appellons *probationes luce clariores*.

CHAPITRE IX.

Des Faits justificatifs & des Exemptions péremptoires.

L'ORDONNANCE, après une longue & rigoureuse instruction, permet enfin à l'accusé d'articuler des faits pour sa défense, & de demander à en faire la preuve : mais, par les entraves qu'elle met à cette faculté naturelle, on diroit que c'est plutôt une grace qu'une justice qu'elle accorde ; aussi rend-elle cette défense extremément difficile, soit en refusant à l'accusé toute communication du procès, soit en ne lui permettant pas d'articuler des faits justificatifs, autres que ceux consignés dans ses interrogatoires & confrontations (1)

(1) Art. 1 du tit. 28.

Supprimons cette injuſte & trop dangereuſe rigueur.

L'inſtruction, comme on l'a déjà dit, doit être ſecrete dans le principe, pour empêcher qu'on ne faſſe rien de contraire au ſuccès de la recherche ; elle doit devenir publique à partir du réglement à l'extraordinaire, pour vérifier les dépoſitions des témoins par l'épreuve la plus efficace : cette formalité remplie, elle doit être commune à l'accuſateur & à l'accuſé, afin d'y prendre les armes dont ils ont beſoin, l'un pour ſoutenir ſon attaque, & l'autre pour y défendre (1).

C'eſt par ces gradations, ſagement

(1) En Sardaigne, quand l'inſtruction eſt faite, on ordonne, au choix de l'accuſé, qu'il lui en ſera délivré copie, ou qu'elle ſera communiquée à ſon Avocat. *Art.* 3, *tit.* 12, *liv.* 4 *des Conſtitut.*

ménagées, qu'on peut arriver dans les affaires difficiles au période nécessaire, tant pour la conviction du crime, que pour la justification de l'innocence.

Il ne suffira pas à l'accusé de pouvoir prendre, par son défenseur, communication des pieces du procès, pour mieux assurer ses faits justificatifs, s'il en a de valables à proposer; il doit encore lui être permis d'en articuler d'autres que ceux consignés dans ses interrogatoires & confrontations, si ces autres faits ont un trait direct à sa défense: car, lors de ces actes, il a pu omettre des circonstances essentielles, il a pu ignorer des faits important; or, le défaut de mémoire, de présence d'esprit, l'ignorance, ne sont certainement pas des crimes qu'il faille punir de mort.

Mais sera-t-il donc nécessaire,

dans tous les cas, d'attendre le complément de l'inſtruction, pour que l'accuſé ſoit admis à la preuve de ſes faits juſtificatifs ?

L'Ordonnance, par une diſpoſition générale, lui interdit toute eſpece de preuve, ſi ce n'eſt après la viſite du procès. La dureté de cette diſpoſition a été ſentie depuis long-temps ; nos Juriſconſultes ont en conſéquence cherché des palliatifs. Parmi les moyens qu'un accuſé peut employer pour ſa défenſe, il en eſt qu'ils ont caractériſé *d'exceptions péremptoires*, & d'autres de *faits juſtificatifs* proprement dits. Ils ont penſé que la preuve de l'exception péremptoire devoit être ordonnée auſſi-tôt qu'elle étoit demandée, & que celle des faits juſtificatifs ne pouvoit l'être qu'après la viſite du procès.

Mais il s'éleve ſans ceſſe des difficultés ſur le point de ſavoir ſi le fait, propoſé pour défenſe, forme une exception péremptoire, ou s'il forme un fait purement juſtificatif; & la Juriſprudence n'eſt pas invariablement fixée ſur cette matiere. Pour éviter cet embarras, ne pourroit-on pas convenir d'une regle claire, préciſe, & que la nature même de ces ſortes d'affaires paroît offrir.

Deux choſes ſont néceſſaires pour juſtifier une pourſuite criminelle contre un Citoyen : 1°. il faut qu'il y ait eu délit commis ; 2°. que celui qu'on en accuſe, en ſoit véritablement l'auteur.

Ceci poſé, diſtinguons l'accuſation qui a pour baſe un corps de délit certain, tel par exemple qu'un cadavre percé de coups, un coffre forcé, &c., d'avec l'accuſation qui ſuppoſe un délit dont il n'exiſte aucunes traces matérielles, & qu'il faut prouver par des témoignages.

Au premier cas, des deux conditions néceſſaires pour légitimer la pourſuite, l'une eſt acquiſe dès le premier inſtant ; la Société, qui a ſous les yeux un corps de délit, éprouve, par ce ſeul fait, un trouble réel ; elle a un intérêt très-preſſant d'en découvrir l'auteur, & de le faire punir. Il eſt poſſible que celui que l'on accuſe ſoit coupable ; il faut donc, ſans aucun retardement, épuiſer toutes les reſſources que l'inſtruction peut offrir, pour acquérir & fortifier les preuves. Ainſi, dans ce cas, l'accuſé ne doit être admis à prouver les faits relatifs à ſa défenſe, & à faire entendre ſes témoins, qu'après le complément de l'inſtruction ſur l'accuſation, c'eſt-à-dire, qu'après l'épreuve de la confrontation publique, telle que nous l'avons indiquée.

Dans le ſecond cas, il n'y a point de donnée comme dans le premier, puiſqu'il n'exiſte aucun corps de délit; la Société ne voit nulles traces du crime que l'accuſation ſuppoſe: cette accuſation pourroit être le fruit d'une mépriſe ou d'une calomnie; l'intérêt de la pourſuite eſt par conſéquent ici bien moins preſſant.

Pourquoi, dans ce cas, l'accuſé ne feroit-il point admis auſſi-tôt ſon interrogatoire ſubi, à prouver par exemple que l'homme, qu'on l'accuſeroit d'avoir aſſaſſiné, exiſte dans tel ou tel lieu? pourquoi même, en ſuppoſant la réalité d'un délit quelconque, ne ſeroit-il point reçu à prouver qu'il n'en eſt pas l'auteur, parce qu'il étoit dans tel pays fort éloigné de celui du délit, le jour auquel on prétendroit qu'il auroit été commis? pourquoi enfin, ſi l'accuſation n'avoit d'autre motif que la méchanceté de l'accuſateur, & ſi ce dernier avoit corrompu des témoins pour ſervir ſa haine, l'accuſé ne ſeroit-il pas recevable à rendre plainte contre lui en calomnie & ſubornation, & même en faux témoignage contre tels ou tels témoins ?

Si une pareille plainte étoit préſentée, il faudroit ſurſeoir à l'inſtruction de l'accuſation principale, juſqu'à ce que la plainte incidente eût été inſtruite dans la même forme que celle ci-deſſus propoſée. Si cette plainte étoit juſtifiée par l'inſtruction, il faudroit, en y faiſant droit, anéantir en même temps l'accuſation principale dont la calomnie ſeroit évidente alors. Enfin, ſi la plainte incidente n'étoit pas juſtifiée, il faudroit que le Jugement qui la proſcriroit, ordonnât qu'il ſeroit paſſé outre à la confrontation publique ſur la plainte principale, pour juger définitivement d'après cette derniere épreuve.

Ainſi, nous ne perdons pas de vue les deux grands objets qui doivent perpétuellement occuper, dans une matiere de cette importance, *l'intérêt du corps ſocial, & les droits de l'homme.* Quand il exiſte un corps de délit certain, donnons la préférence dans la pourſuite à *l'intérêt ſocial;* car la certitude du trouble exige qu'on arrive le plus promptement poſſible à la conviction du coupable. S'il n'exiſte point de corps de délit au contraire, écoutons *l'homme*, quand il s'ecrie: *Aucun fait extérieur ne dépoſe contre moi; je ne ſuis accuſé que par la méchanceté de quelques ennemis; la preuve de mon innocence & de leur impoſture eſt dans la bouche de mes témoins, entendez-les!*

CHAPITRE X.

Des Jugemens de premiere instance.

CES Jugemens sont interlocutoires ou définitifs.

Un Jugement interlocutoire est celui qui admet l'accusé à prouver ses exceptions péremptoires ou ses faits justificatifs, & nous venons d'en apprécier l'utilité.

C'étoit encore un Jugement interlocutoire que celui qui, dans le cas d'insuffisance des preuves, ordonnoit que l'accusé seroit appliqué à la question, & d'après lequel le Juge sembloit lui dire : *Si tu t'avoues coupable, ton aveu te conduit au supplice ; si tu ne veux pas te condamner à la mort par ton aveu, je vais te faire souffrir un tourment plus aigu & plus long que celui de la mort prompte, à laquelle tu te condamnerois ; si tu es assez robuste pour que la douleur n'ébranle pas ta fermeté , que tu mérites la mort ou non, tu vivras.* Bénissons le Législateur, dont la main bienfaisante vient d'arracher cette disposition barbare de notre Code (1).

La Justice ordonne quelquefois un plus amplement informé pendant un an, quand elle n'a pas de preuves suffisantes pour condamner ou pour absoudre. Cet usage mérite d'être conservé : mais il paroît trop dur de l'étendre au plus amplement informé indéfini. Dans ce cas, un accusé n'est relâché qu'avec menaces de le reprendre s'il se présente de nouveaux indices : c'est tenir un Citoyen perpétuellement sous l'anathême de la Loi ; c'est imprimer la tache de l'infamie sur le front d'un

(1) Déclaration du Roi, du mois de Septemb. 1780.

accusé qui, peut-être, n'est pas coupable : il vit en transe ; il voit le glaive de la Justice suspendu sur sa tête ; il craint à chaque instant de tomber sous ses coups : cet état est trop cruel. Si après le plus amplement informé pendant un an, il ne survient pas de nouvelles preuves, il faut renvoyer l'accusé, en prononçant par un *hors de Cour* sur l'accusation.

Ce *hors de Cour* n'emportera point d'infamie. Il peut rendre l'accusé suspect : mais si sa conduite ultérieure est d'une honnêteté soutenue, les gens de bien n'imputeront son infortune qu'à ce concours de circonstances quelquefois assez fatales, pour prêter à l'innocence même, les apparences du crime.

Il est deux autres sortes de Jugemens définitifs ; celui de la décharge pleine & entiere, s'il n'existe point de preuves contre l'accusé ; & celui de la condamnation, s'il y a preuves suffisantes contre lui.

Mais, quels que soient les Jugemens, interlocutoires ou définitifs, l'instruction une fois devenue publique, à partir du réglement à l'extraordinaire, il convient que ces Jugemens soient publiquement rendus, & même que l'accusé soit admis à faire plaider sa cause, quand elle est telle qu'un défenseur honnête doive faire des efforts pour lui. Si des affaires du plus modique objet, qui n'intéressent que deux particuliers, & qui sont indifférentes à l'ordre public, se discutent tous les jours dans nos Audiences ouvertes à tous les Citoyens ; à plus forte raison doit-on discuter & juger publiquement ces poursuites rigoureuses, qui ont pour objet l'intérêt de la Société entiere ; & n'est-il pas étrange de lui faire un ſecret d'une diſcuſſion engagée pour elle ? Ajoutons que cette publicité ne peut qu'aſſurer la régularité du Jugement. Hélas ! tel eſt le ſort des vertus humaines , que ſouvent , pour ne ſe point démentir , elles ont beſoin d'être ſoutenues par la préſence impoſante du Public.

CHAPITRE XI.

De l'Appel des Jugemens définitifs.

L'APPEL, dont nous entendons parler ici, n'a d'autre objet que la révision du Jugement de premiere instance par les Juges Souverains du ressort, quand le crime qui fait la matiere de la poursuite, doit être puni par une des peines indiquées au Chapitre VI de cette troisieme Partie; quand il s'agit en un mot, de flétrir un Citoyen, de le priver de sa liberté ou de sa vie. Les droits de l'homme ne sont-ils pas assez précieux pour ne pas faire dépendre son sort d'un premier Jugement? Il importe à l'humanité, & à l'intérêt public, que l'appel soit de droit en pareilles circonstances, ou qu'il soit toujours interjetté par l'Officier chargé du ministere public, quand bien même l'accusé ne réclameroit pas (1).

Suivant le Code Britannique, il n'y a pas lieu à l'appel du Jugement de premiere instance, quand ce Jugement contient la décharge de l'accusation : mais s'il y a Jugement de condamnation, & que cette condamnation contre l'accusé soit notoirement injuste, elle est anéantie sur la poursuite du Roi.

Cette disposition tient au vice même du Code, qui, par excès de ménagement pour l'humanité, perd quelquefois de vue les intérêts du corps social. Nous avons dit que la perfection de la Loi, dans ce genre, devoit consister à tenir la balance égale entre les droits de

---

(1) Même regle, art. 1er. tit. 22, liv. 4 des Constitutions de Sardaigne.

l'homme & l'intérêt de la Société. En partant de ce principe, nous pensons que la Sentence qui décharge un accusé en matiere grave, doit être sujette à révision comme celle qui le condamne à subir la peine : au premier cas, parce que l'intérêt du corps social a pu être sacrifié aux égards dus à l'homme; au second cas, parce que les égards dus à l'homme ont pu être sacrifiés à une recherche injuste, dont l'intérêt du corps social auroit été le prétexte.

Mais quelle sera la forme la meilleure pour procéder à cette révision?

L'affaire a reçu son instruction en premiere instance; les informations, les interrogatoires, les procès-verbaux de reproches, récolement & confrontation, en font partie; la promptitude de l'expédition semble exiger que des procès de ce genre soient distribués de la maniere prescrite par l'Ordonnance de 1670, pour être rapportés par l'un des Magiſtrats en la Chambre de la Tournelle, & d'après les concluſions par écrit du miniſtere public.

Mais ſeroit-ce nuire à l'expédition, que de faire ces rapports publiquement, & de donner au Public en dernier reſſort comme en premiere inſtance, la ſatisfaction d'être inſtruit des circonſtances d'une affaire pourſuivie en ſon nom? Le rapport public n'entraîneroit pas, ce ſemble, de plus longs délais ni de plus grands détails que le rapport ſecret. De jeunes Magiſtrats trouveroient dans cette carriere de nouveaux motifs d'une noble émulation, & les occaſions d'étendre leur gloire (1).

---

(1) La publicité du rapport n'empêcheroit pas qu'on ne fît retirer le Public pour recueillir les voix avec plus de liberté.

Ce ſeroit alors que dans ces affaires ſur-tout qui excitent un grand intérêt, ſoit à raiſon de la qualité des perſonnages, ſoit à raiſon de la bizarrerie des circonſtances, un innocent déchargé de l'accuſation, jouiroit de tout ſon triomphe. Avec quelle ſainte ivreſſe le Public aſſemblé entendroit l'Arrêt qui briſeroit ſa chaîne ! avec quelle ſatisfaction ſes amis voleroient dans ſes bras ! L'éclat d'une pareille juſtification n'eſt-il pas dû à l'homme de bien qui a long-temps ſouffert ? & les larmes d'une joie pure, qui couleroient alors dans le ſanctuaire, n'honoreroient-elles pas la Juſtice ?

Si la juſtification d'un innocent excite la ſenſibilité d'une ame vertueuſe, la conviction du crime produit l'indignation : le cœur alors ſe ferme à la pitié ; & le Public, préparé à l'un ou à l'autre de ces événemens par un rapport lumineux & par une discussion sage, trouveroit dans cette exposition, une morale d'autant plus persuasive que l'exemple y seroit joint au précepte, & que la peine y suivroit de près le crime : le sentiment profond & général produit par ces hautes leçons, pourroit-il être autre que l'horreur du vice & l'amour de la vertu (1)?

---

(1) La maniere dont nos Cours Souveraines sont composées, met à l'abri de toute inquiétude sur la forme usitée pour les rapports. Ce qu'on propose ici, n'a d'autre objet qu'un plus grand bien.

CHAPITRE XII.

De la pluralité néceſſaire dans les ſuffrages pour la condamnation.

Les hommes ſont jugés par des hommes ; & des Juges également honnêtes, également inſtruits, different quelquefois dans leurs avis. Dans les Tribunaux les voix ſe comptent, & la pluralité l'emporte. Mais quand il s'agit d'une condamnation capitale, ne faudroit-il pas une pluralité plus grande, qu'en toute autre matiere ? Les Rédacteurs de notre Code ont paru ſentir cette vérité : en conſéquence l'art. 12 du tit. 25 porte qu'en Cour Souveraine le Jugement doit paſſer à l'avis le plus doux, ſi le plus ſévere ne prévaut de deux voix. Mais eſt-ce encore aſſez de deux voix de plus contre l'accuſé dans un Tribunal composé d'un grand nombre de Juges ? & le peu d'importance que cette différence paroît avoir, permet-il de lui donner un effet auſſi terrible que celui de conduire un Citoyen à l'échafaud ? Pouvons-nous croire que l'infortuné qu'on envoie à la mort ſoit évidemment convaincu du crime qui la mérite, quand dans un Tribunal de vingt-ſix Juges, par exemple, douze ont été d'avis qu'il ne devoit pas périr ?

Nous ne propoſerons pas d'adopter la Loi Britannique, qui fait dépendre la condamnation capitale de l'unanimité des ſuffrages : ce ſeroit la rendre ſouvent trop difficile, lors même qu'elle ſeroit évidemment méritée ; car la volonté d'un ſeul pourroit alors balancer la volonté de tous les autres. Mais ne pourroit-on pas trouver un tempérament qui ſeroit justifié par les calculs de la prudence ? Suivant nos usages, il suffit de trois Juges pour prononcer sur une accusation capitale en premiere instance ; parmi ces trois Juges, il suffit qu'il y en ait deux pour la condamnation. Confirmons cette regle, en établissant la même proportion pour le Jugement de Cour Souveraine. Le condamné en cause principale par un Tribunal de trois Juges, ne l'a été que parce qu'il a eu au-moins deux voix contre lui, c'est-à-dire, dans cette espece, les deux tiers du Tribunal. Pourquoi, en Cour Souveraine, n'exigeroit-on pas, pour une condamnation pareille, les deux tiers des voix contre l'accusé ?

Cette pluralité seroit assez considérable, pour tranquilliser les esprits sur la crainte d'une erreur fatale à l'innocence, & ne le seroit pas assez

pour

pour craindre que le crime prouvé ne fût pas puni.

Au ſurplus, la plupart des affaires criminelles, ſur-tout d'après l'épreuve de la confrontation publique, ſi elle eſt admiſe, doivent porter avec elles un caractere d'évidence, qui de lui-même entraîne la plus grande pluralité. La condition des Juges ſeroit bien douloureuſe, ſi, quand il eſt queſtion des droits les plus précieux de l'humanité, de l'état & de la vie des hommes, ils n'avoient jamais que des problêmes difficiles à réſoudre. Mais quand ces cas ſe préſenteront, n'oublions pas que le ſang de l'innocent crie vengeance, & qu'il vaudroit mieux laiſſer pluſieurs crimes impunis, que de riſquer de le répandre.

CHAPITRE XIII.

Des Jugemens souverains & de leur exécution.

S'AGIT-IL d'un Arrêt qui contienne la décharge d'un accusé, soit en confirmant, soit en infirmant le Jugement de premiere instance ? la Justice ne sauroit être trop attentive à proportionner la réparation au préjudice; car les outrages faits à l'homme juste, alarment la plus précieuse portion de la Société, tous les gens de bien.

Si le ministere public a poursuivi seul sur une rumeur trompeuse, & sans dénonciation réguliere, alors ce sera le cas de décerner à l'accusé un exécutoire sur la caisse des confiscations pour le montant de l'indemnité qui lui est due, ainsi que nous l'avons expliqué Chapitre XIII de la premiere Partie.

Si la poursuite a été faite par le ministere public conjointement avec une partie civile, c'est la partie civile qui doit être condamnée à la réparation du préjudice.

Si le ministere public a poursuivi seul sur une dénonciation secrette d'abord, mais devenue publique à la confrontation (1), & qu'il soit évident que la dénonciation n'étoit pas le fruit de l'erreur, mais celui de la méchanceté ; le dénonciateur doit être condamné par le même Jugement qui absoudra l'accusé, à l'indemnité du tort qu'il lui a fait (2) ;

---

(1) Voyez Chap. VII de cette IIIe. Partie.

(2) Dans nos usages, l'accusé ne peut obliger le ministere public à lui nommer son dénonciateur qu'après qu'il a été déchargé par Arrêt ; de sorte qu'il faut que ce malheureux, après avoir long-temps souffert, ait

& en cas d'insolvabilité ; cette indemnité doit être suppléée par la caisse des confiscations, puisque la poursuite a été faite au nom du ministere public, sauf à lui à requérir contre le calomniateur qui l'a trompé, les peines afflictives que l'ordre social a le droit d'exiger pour un délit de ce genre.

S'agit-il d'un Arrêt de condamnation ? il doit s'exécuter avec la plus grande publicité. Que le criminel soit conduit dans le lieu de son crime ! que le scandale soit réparé par l'exemple du châtiment ! S'il est question de la peine de mort, que cette peine soit toujours précédée de ce cérémonial imposant, dans lequel

---

encore un nouveau procès pour parvenir à son indemnité, ou qu'il y renonce si sa fortune, épuisée par le premier procès, ne lui permet pas d'en soutenir un second.

le coupable, à genoux & la torche au poing, demande pardon à Dieu & à la Juſtice. S'il s'agit d'un coupable puni par la déportation dans les Colonies, ou par la condamnation aux travaux publics, qu'il ſoit exposé publiquement au pilori ou au carcan dans les carrefours, avec les marques indicatives de ſon crime ! car la langue des ſignes eſt éloquente pour le Peuple, il faut frapper ſes yeux. Que l'Arrêt de condamnation à mort rappelle ſurtout l'atrocité du délit, pour empêcher la pitié que pourroit produire le ſpectacle du ſupplice ! car un Peuple n'eſt jamais vertueux quand il n'eſt contenu que par la crainte des peines ; il faut qu'il le ſoit encore par cette horreur du crime, qui n'exiſte jamais ſans le goût du bien.

C'eſt ici qu'une Nation qui prétend avoir atteint le plus haut degré de ſageſſe dans ſa Police pénale, s'eſt écartée viſiblement du but. En Angleterre le ſupplice eſt comme dépouillé de cette horreur qui forme ſa véritable utilité. Les coupables, ſouvent en aſſez grand nombre, ſont conduits environnés de leurs parens, de leurs amis, au lieu de l'exécution : ils haranguent le Public ; ils font bravade d'une froide intrépidité ; ils regardent la mort prompte qui les attend, comme un paſſage rapide qui va les délivrer des miſeres humaines ; & le Peuple, en s'aſſemblant autour d'eux, paroît moins avoir pour objet de les humilier par ſon indignation, que d'applaudir à leur courage.

CHAPITRE XIV.

De la Contumace.

Si un accusé, par la crainte d'une instruction aussi rigoureuse que la nôtre, ou par quelqu'autre motif, se dérobe à un décret de prise-de-corps lancé contre lui, la Loi veut que ses biens soient saisis & annotés, sans même qu'il soit besoin de permission de Juge (1).

L'Ordonnance civile prescrit aux Tribunaux de ne prononcer une condamnation demandée contre une partie défaillante, même pour l'intérêt le plus modique, qu'autant que sa demande se trouve vérifiée; & l'Ordonnance criminelle, quand il s'agit de la mort civile du défail-

(1) Art. 1er du tit. 17.

lant, de sa ruine entiere, & de sa confiscation de ses biens, veut que le Jugement qui interviendra contre le contumax sur les conclusions du ministere public, déclare la contumace bien instruite, qu'il en adjuge le profit, & qu'il prononce la condamnation de l'accusé (1) : ainsi la Loi paroît réputer l'accusation justifiée, par la seule raison que l'accusé ne se présente point pour la combattre.

Ce procédé tient à l'excessive sévérité de notre Code. Si nous blâmons quelques usages de nos voisins, nous pourrions adopter en partie leurs principes sur l'objet dont il s'agit ici.

En Angleterre, celui contre qui le Juge a décerné un décret de prise-de-corps, est sommé de com-

(1) Art. 15 du tit. 17.

paroître par cinq proclamations successives : à défaut de satisfaire à la derniere, il est réputé ex-Loi ; c'est-à-dire qu'il est privé de la protection de la Loi, & qu'il ne peut plus jouir alors des biens qu'elle accorde à chaque individu ; les Tribunaux sont fermés pour lui, & il n'a plus d'action en Justice pour la conservation de ses droits. Adoptons cet usage, ou, si l'on veut, ne permettons de saisir & annoter les biens-meubles & les revenus de l'accusé qu'après lui avoir fait, à des époques différentes, trois sommations de se présenter ; mais ne le déclarons pas coupable, par la seule raison qu'il ne se présentera pas : que les témoins qui ont été entendus contre lui, soient récolés & confrontés à l'Audience vis-à-vis du ministere public, auquel il appartient de défendre les intérêts des absens, comme ceux du corps ſocial ; & que le miniſtere public leur faſſe alors telles interpellations que lui ſuggérera l'amour de la vérité & de la juſtice. Si les preuves ſubſiſtent, que le contumax ſoit condamné ; s'il n'en exiſte point, qu'il ſoit déchargé ; s'il reſte de la ſuſpicion, qu'il ſoit mis hors de Cour. En cas de condamnation pour délit grave, la confiſcation aura lieu de la maniere ci-deſſus expliquée, s'il ne ſe préſente pas dans les cinq ans de la contumace : en cas de décharge ou de hors de Cour, il ſera condamné en une amende, pour avoir déſobéi aux ordres de la Juſtice, en refuſant de ſe préſenter.

Les autres diſpoſitions de notre Ordonnance de 1670, tant ſur cet objet que ſur pluſieurs de ceux qui précedent, nous paroiſſent pouvoir ſubſiſter ſans inconvéniens : on trouve même dans cette Loi une multitude de regles de détail très-précieuſes ; mais elles ne forment, pour ainſi dire, qu'un luxe de décorations ajoutées à un monument antique & barbare (1). Il auroit fallu commencer par renverſer le monument.

---

(1) Les anciennes Ordonnances qui ont fait la baſe de celle de 1670.

CHAPITRE XV.

Idée d'un Supplément nécessaire à cet Ouvrage.

DANS les réflexions rapides que nous venons de tracer, nous sommes loin d'avoir tout apprécié, tout prévu; cependant notre Plan embrassoit plus d'étendue encore, lorsque nous l'avons conçu.

Il ne suffit point en effet de fixer les vrais principes de la matiere, de proportionner les peines aux différens genres de délits, & de régler la maniere dont on doit procéder à leur poursuite : ce seroit rendre à l'humanité un service beaucoup plus important, que d'établir les précautions propres à rendre ces délits moins fréquens, & les peines par conséquent plus rares. Cet objet d'utilité paroît moins dépendre des Loix que des mœurs : mais le Légiſlateur, par des réglemens ſages, peut parvenir à modifier les mœurs, & rendre à l'homme la pratique des vertus plus facile, en éloignant de lui les motifs qui le portent aux vices, & ces occaſions dangereuſes qui ſont comme le foyer de leur fermentation.

Ces vices paroiſſent avoir quatre cauſes principales : les beſoins réels de la pauvreté, qui peuvent quelquefois l'engager à des rapines & à des vols ; les beſoins factices du luxe, qui conduiſent à l'eſprit d'intrigue & aux infidélités ; le goût du célibat ſouvent produit par le luxe, & qui eſt à ſon tour la cauſe productive des atteintes portées à l'honneur conjugal & à la pureté des mœurs ; l'inſuffiſance de notre éducation publique, qui enſeigne des mots &

néglige les choſes, qui donne de la ſcience & non de la vertu.

Il ſaudroit donc voir, 1°. comment l'Etat, ſans augmenter ſes dépenſes, pourroit aſſurer l'exiſtence des Ouvriers & Artiſans les plus pauvres; ſoit en établiſſant le prix de leurs journées, de maniere que, malgré les variations de celui des denrées néceſſaires à leur ſubſiſtance, ils fuſſent toujours au-deſſus de la miſere; ſoit en les occupant pour le compte du Roi dans chaque Province à un prix inférieur, quand ils ne ſeroient point occupés par les particuliers (1).

---

(1) Si le prix de la journée étoit fixé à tant de livres de pain que l'Ouvrier recevroit en argent, la révolution de cette denrée ne feroit plus aucun changement pour lui; & le Propriétaire qui l'emploie ſeroit comme forcé de lui donner ce prix, ſi l'Ouvrier, à ſon refus,

2°. Fixer le degré d'utilité, dont le luxe peut être dans une Monar-

---

étoit sûr d'être employé pour le compte du Roi à un prix peu inférieur à celui-ci. Il n'y a pas de Province peut-être, où l'on ne puisse établir des travaux utiles pour le Roi, suivant la nature de son sol & de ses productions; travail de fer pour les canons, les ancres, les vaisseaux, dans les Provinces qui produisent des mines de fer; travail de chanvre pour les cordages, les toiles & les voiles, dans les Provinces où cette sorte de production est abondante; travail de laines pour la fabrication des draps propres à l'habillement des troupes, dans les Provinces où les bêtes à laine se multiplient avec le plus de succès, &c. &c. &c.: il n'y auroit plus alors de mendiants qu'on ne pût arrêter & faire passer dans des colonies nouvelles comme mauvais sujets: il n'y auroit plus d'hôpitaux que pour les infirmes, les vieillards, les enfans-trouvés & les femmes en couche; ce qui laisseroit dans plusieurs de ces établissemens un grand espace, qui pourroit être propre à plusieurs ouvrages de la nature de ceux que nous venons d'indiquer.

chie telle que celle-ci, où les richesses sont partagées avec la plus grande inégalité ; déterminer les classes dans lesquelles les dépenses occasionnées par le luxe se trouvent comme nécessaires pour répandre le superflu des richesses dans les mains d'Artistes intelligens & laborieux ; indiquer les moyens de resserrer les autres classes de Citoyens dans de justes bornes, en conciliant leur amour-propre avec leur intérêt personnel mieux entendu & mieux senti (1).

---

(1) Seroit-ce une mauvaise Loi que celle qui permettroit les dépenses de luxe, dans la proportion de la fortune annoncée par la contribution aux charges publiques ; & qui, par raison de réciprocité, régleroit cette contribution dans la proportion de la fortune annoncée par les dépenses de luxe? Il résulteroit de-là, que comme chaque Citoyen assez communément paie au Roi le moins qu'il

3°. Réprimer le célibat & honorer le mariage. Imposer des taxes onéreuses à ce célibataire, qui ne tenant à rien, & rapportant tout à lui, achete la jouissance momentanée de plusieurs femmes, & n'en veut pas avoir une seule en propriété ; qui détruit l'harmonie de l'union conjugale; enleve au mari la confiance d'embrasser comme siens

---

peut, il proportionneroit son faste à sa fortune réelle, dans la crainte de supporter une cotisation supérieure à ses facultés. Ainsi pourroit être réprimée cette manie de prendre les marques d'une condition supérieure à la sienne; cette fureur de se distinguer, qui ne produit plus que de la confusion, quand elle est générale ; ce goût de se ruiner par rivalité d'ostentation. L'homme quelquefois est un grand enfant qui aime le bruit & le fracas; il faut alors user de stratagême avec lui pour le rendre sage, & lui faire des lisieres avec son intérêt personnel, pour prévenir la chûte que lui prépare son amour-propre.

les enfans de ſon épouſe ; lui laiſſe des charges onéreuſes, dont l'amour paternel ne peut le dédommager ; lui donne des éleves qui ſe croiront diſpenſés de tous devoirs envers lui, parce qu'ils n'auront pas la certitude de leur origine, & des ſucceſſeurs étrangers qui ſe partageront ſes dépouilles, comme les voleurs partagent leurs rapines. Honorer le mariage, en donnant à mérite égal la préférence pour les charges & les emplois aux gens mariés ; en diminuant leurs taxes publiques dans la proportion des accroiſſemens de leurs charges domeſtiques par la ſurvenance des enfans : conſacrer d'une maniere plus particuliere la ſainteté de ce lien, en empêchant ces unions infructueuſes pour l'Etat, & contraires au vœu de la nature, par la grande diſproportion des âges.

4°. Etablir une éducation publique, où l'on poseroit les principes de la morale universelle, d'après les annales du monde ; où l'on présenteroit le tableau des devoirs de l'homme social, dans toutes les conditions ; où l'on feroit connoître les passions relatives à tous les âges, pour prémunir contre leurs dangers ; où, malgré l'égoïsme actuel, on restitueroit au mot *Patrie* son ancienne valeur ; où l'on éleveroit des ames encore neuves & d'autant plus sensibles, jusqu'à l'enthousiasme du bien public, par ces traits sublimes qu'offrent les fastes de quelques Nations ; où l'on décerneroit des prix, non pas aux éleves qui écriroient ou parleroient le mieux, mais à ceux qui, dans telle situation embarrassante & difficile, décideroient avec justesse ce qu'il seroit plus noble de faire ; où l'on apprendroit aux jeunes gens de qualité, que la Noblesse accordée par le Prince à leurs ancêtres, étoit un rayon de sa gloire répandu sur leurs vertus, & que cette gloire s'éteindra pour eux, s'ils ne les suivent dans la carriere qu'ils leur ont ouverte; à la jeunesse d'un ordre inférieur, que les talens utiles à l'Etat sont préférables aux trésors accumulés par l'avarice, & à la Noblesse qui dégénere; aux enfans du Peuple, que la probité est respectable, même dans les derniers rangs, & que si la Providence les condamne au travail & à la frugalité, elle a réservé pour eux une santé plus robuste & des jouissances plus vives (1).

La grande science est de savoir

(1) Une chaire de Morale étoit fondée au College Royal à Paris: comment arrive-t'il qu'il n'existe point de Professeur pour une partie aussi intéressante?

faire aimer à chacun son état ; de lier toutes les conditions les unes aux autres ; de ne faire de la Nation entiere qu'une seule & même famille, dont les aînés, sous l'autorité du pere commun, jouissent de prérogatives distinguées, à la charge de protéger & secourir leurs freres.

Quel champ à parcourir encore ! combien de vérités utiles ne pourroit-on pas y semer, dont la génération future recueilleroit les fruits ! mais ce champ est trop vaste, & le temps que nous pouvions lui donner étoit trop court. Quand les Tribunaux sont fermés & que le Jurisconsulte n'a plus de Citoyens à défendre (1), il lui est permis sans doute de rêver au bonheur de l'hu-

---

(1) Cet Écrit a été fait dans les vacances de 1780, par M. ****, ancien Avocat au Parlement de Paris.

manité : s'il ſe trompe, il a ſon excuſe dans ſon cœur; s'il ne ſe trompe pas, il jouit du plaiſir d'avoir recueilli d'importantes vérités ; & ſi des eſprits plus profonds , des génies vaſtes, en tirent des conſéquences plus étendues , il applaudit à leurs ſuccès.

FAUTES A CORRIGER.

Page 117, *ligne* 10, les humiliations de l'offensé; *lisez* les humiliations de l'offense.

Page 156, *ligne* 19, un amende; *lisez* une amende.

Page 174, *ligne* 3, sur poursuite; *lisez* sur la poursuite.

www.ingramcontent.com/pod-product-compliance
Ingram Content Group UK Ltd.
Pitfield, Milton Keynes, MK11 3LW, UK
UKHW020312230726
13925UKWH00002B/362